知的生きかた文庫

「自分の心」をしっかり守る方法

加藤諦三

三笠書房

はじめに――「くやしい気持ち」を溜めないために

私は若い頃、いつも自分は皆に嫌われているのではないかと恐れていた。いや、嫌われているという気持ちを抑圧していたから、逆に自分は皆にこんなに人気があるのだと、自分にも他人にも強調していた。

自分が人気があることをことさら強調したがる人というのは、たいてい自分は皆に嫌われているという恐れを、心の底の底にもっている人ではないだろうか。

その嫌われているという気持ちから目をそらすために、必死で自分にも他人にも自分の人気を強調しているのである。

考えてみれば、人気があるということなど、それほど価値のあることではない。それなのにそのことにこだわるのは、やはり嫌われているという気持ちを抑圧しているからであろう。

誰もその人のことなど問題にもしていないし、あてこすりのつもりなどまったくないのに、「どうせ俺のことを……」とか、「どうせ私のことを……」と怒りだす人だっている。

たとえば自分が不美人だとか、離婚したとかいうひけめがあると、そのことが話題になっただけで、自分のことを言っているのだろう、自分へのあてこすりだろうと解釈してしまう。

また、電話をかけて相手が出なかった、そして相手が電話を返してこなかったというだけで、相手は自分を避けていると勝手に思いこんでいる人によく会う。そしてなんとなく、自分がそう思いこむのは、それなりの確かな理由があるような気がしてくるのである。

皆が自分をよけて通るとまでは思わなくても、あの人は自分を避けているのではないかと思ったり食事をしようと誘いの電話をかけて、その日はちょうど会議があってだめだと断わられれば、自分のことを好きではないのではないかと思ったりする。自分とはあまり近くならないようにしているのではないかと考えたりする。

実際は自分のことを避けていないのに、避けているのではないかと、こんなふうに思っている人は、案外多いのではなかろうか。

しかしよく考えてみれば、われわれだって自分のやったり思いこんだりしていることを、「なんておかしなことをしているのだろう」とか、「なんて気の毒なことになってしまうのだろう」と思ってもいいのではないだろうか。

つまり、われわれが日常悩んでいることなども、ちょっと第三者的視点でながめてみれば、「まったくおかしなこと」「なんの根拠もなしに、どうしてそんなふうに思ってしまうのだろう」というようなことなのではなかろうか。

知人がちょっと不愛想にしただけで、わざといじわるをしているのだと思ったり、そのためにイライラして仕事がうまくいかないなどということはないだろうか。

自分と関係ないことでも自分と関係があると思いこむ、自己関係づけの傾向は、日常生活の中で誰でも思いあたることかもしれない。

ただ、ラジオのテレフォン人生相談のような番組を担当していて、いろいろな人の悩みを聞いて思うことは、「他人のやることを自分と関係づけて解釈するな！」ということである。とにかく「憶測をやめること」で、人間はどれだけの悩みから解放されることだろう。

小さい頃、常に人格を否定されて生きていた人がいる。

大人になって人からなにか注意されると、それを自分の人格が否定されたと思ってしまう。好意的な注意であっても、自分の人格が否定されたと思ってしまう。

たとえば養育者である親が、神経症的傾向の強い人だったとする。親には隠された憎しみがあった。そこで親は常に子どもを否定し侮辱したかった。

その相手を否定し侮辱するための口実が、「注意する」だった。

親は自分の隠された憎しみの表現を合理化することが、子どもに「注意すること」であった。

子どもはほんとうの意味で、注意されたことはなかった。

親の注意には常に「お前はだめな人間だ」というメッセージが隠されていた。

その過去から自由になる。過去から解放されて前へ進む。それが「生きる」ということである。生きることは、与えられた困難を一つひとつ乗り越えていくことである。

過去から縁を切ることは、ヤクザの世界から縁を切るよりもたいへんである。

小さい頃から基本的不安をもつ人は、甘えの欲求が激しい。親の必要性に従って育てられたから、甘えの欲求が満たされていないのである。

小さい頃に基本的不安をもっていると、大人になっても、生きる土台が不安で不満である。

いずれにしろ、ささいなことでイライラして、すぐに怒る。あるいはすぐに落ちこむ。

怒りは単なる怒りでなく相手に対する要求になることもあるだろう。いわゆる神経症的要求になる場合もあるだろう。

もし自分が神経症なら、自分が神経症になっていることを否定しないこと。そうなる理由があってそうなっている。「私は神経症」などとわかることはすばらしいこと。皆が自分を否定する世界で生きてきたことに気がつくことであるから。

「私は神経症でもいい」、そう思うことから出発する。

人生をあきらめる人は、結果ばかりにこだわる人である。

いまという結果ではなく、神経症者に囲まれて生きてきた過程を見れば、すばらしい。つらい人生を生きてきた自分はすばらしい。

自分を受け入れる。敏感性性格を受け入れる。不幸を受け入れる。運命を受け入れる。それが「悟りを拓く」ことである。

自分がわかる。「そういうことだったのか」と自分の気持ちや態度が理解できる。「私がなぜ不愉快な気持ちに悩まされたのか?」が理解できる。

悟りとは新しい価値に気がつくことである。アメリカの心理学者ロロ・メイのいう「意識領域の拡大」である。自分を知ることである。したがって悟りとは活発な精神的活動である。

人が成長する環境の重要性は否定できない。

しかし小さい頃の環境で、その人の一生は決まるというものでもない。

「小さい頃の環境でその人の一生は決まる」を認めたら、どんなに努力しても生涯幸せにはなれない人がたくさん出てくる。

環境の重要さを認識するのは、環境で自分の人生は決定されるという主旨ではない。

それは「自らを知れ」ということである。それは「自らに気づけ」ということである。それは「自らの運命を背負え」ということである。

モグラはワシにはなれない。

魚はカエルにはなれない。

運命に逆らうな！

自己実現する心の姿勢をおろそかにし、劣等感から「理想の自我像を実現すること」に努力するのは、運命に逆らっていることである。

向上心とは、自分のできることの中でがんばることである。自分のできないことをしようとして、無理するのは向上心ではなく劣等感である。

運命に逆らっても勝ち目はない。人生最後まで不幸な人は、運命に逆らって生きてきた人である。


ある人が自分の成長の過程を次のように振り返った。

若い頃、どこにも自分の居場所がなくて「実際の自分」以上の自分を周囲に見せようとした。少しして、そうするから心が休まるときがないとわかった。

さらに年月を経て、居場所がないのは「自分はこうだ」と勝手に自分で自分を決めつけているからだとわかった。

そして視野の狭さから「こういう自分なら認めてくれる」と勝手に思いこんでいた。最後に自分の基準だけが、唯一の基準として生きていたことに気がついた。自分は自分のゆがんだ世界観の中に閉じこもっていたことに気がついた。周囲の人が見えてなかった。広い世界が見えていなかった。他人の努力が見えなかった。

周囲の世界が見えたときには、いまの自分のままで皆が認めてくれる世界があるということがわかった。認めてくれないのは、いまいる「ゆがんだこの世界だ」とわかった。

こうして最後に自分の視野の狭さに気がついた人は、幸せである。

もくじ

2章　「心の風向き」を変えてみよう
――人間関係に強くなる処方箋

3章　あなたはもっと「自分」を出していい
――〝ネガティブ〟を引きずらない方法

4章

気が軽くなる生き方
——のんびり歩けば、見えてくる風景

5章 〝心から感謝できる〟人生
――〝幸せ〟と〝安らぎ〟をつくる自己肯定感

1章

「自分の心」を見つける

――つい悩みを抱えてしまう人へ。もう我慢しなくて、大丈夫

1

「傷つきやすい考え方」を知る

ある講演会が終わって色紙を書いていた。「俺には俺の生き方がある」という二十代に書いた本のタイトルを書いた。

色紙を頼まれると、このように半世紀も前に書いた本のタイトルを書くことがある。そのときふっと、ああ自分は二十代にずっと自分を守るということだけを必死でしてきたのだなあという気がする。

他人に悪く思われないように、他人に低く評価されないように、自分が傷つかないように、ただそんなことばかりに気をつかって生きてきたような気がした。他人に対して自分を守る必要などどこにもないのに、そのことだけに全力を尽くしたような二十代のりきみが、そのとき、手にとるようによくわかった気がした。

自分に自信がなかったから、そんなことばかりに気をつかってしまったのだろう。「どうやったら自分が傷つかないか」、それが当時の私の中心テーマであった。そして、こうしたら傷つかないよ、ということを書いてきたような気がする。

その本が二十年以上にわたって読者に読みつづけられたのは、私と同じような人がいたということだろう。私と同じように、どうやったら自分は傷つかないか、とそれを必死になって求めていた人がそれだけいたのであろう。

当時、「どう生きたらよいか」ということは、「どうしたら傷つかないか」ということと同じことであった。

そして私にしろ、私の本を読んでくれた人にしろ、じつは心の中ですでに深く傷ついていたのである。「俺には俺の生き方がある」という生きる姿勢はいまでも大切だと思っている。しかし、もっと大切なことは、自分が深く傷ついているという自覚ではなかったか、という気がする。

小さい頃、自分にとって重要な人間に認めてもらうという心の必要性のために、別の必要性は犠牲にされていた。小さい頃、自分にとって重要な人間にかわいがってもらうために、自らの甘えの欲求の満足を断念した。そうした心理的挫折を体験したことで、その人の心の中は深く傷ついている。

つまり、自分はありのままでは愛されるに値しない人間だという自分のイメージが、心の中にできあがってしまっていたのである。ありのままの自分は人々にとって価値のない人間である。自分は人々に好かれない人間である。そうした自分のイメージが心の中にできあがっていた。

自分は愛されないけれど、あの人たちは愛される。自分は価値がないけれど、あの人たちは価値がある。そんな自分と他者とのイメージが心の中に定着していた。

その心の中にある自分と他者とのイメージを必死になって否定しようとしていたのが、私の二十代であり、二十代の本であった。

しかし、自分には価値がない、自分は愛されないという心の中のイメージは、否定しようとして否定できるものではない。意志の力で無意識に追いやろうとしたり、理性で、そんな感じ方はおかしいと主張してみたりしても、それは消えない。

おそらく多くの読者は、私と同じように、心の奥にある、自分は価値がないという感じ方と、必死に闘っていたのではないだろうか。

私は、他人と自分を比較するな、他人が自分をどう思うか気にするな、他人が成功しようが失敗しようが、そんなことは気にするな、自分には自分の人生があるのだ、と書きつづけた。

それは、自分には価値がないという心の底の底にある感じ方を否定する必死の闘いの声であったのである。それは、まさに「どうしたらこれ以上傷つかないで生きていかれるか」ということであった。

他人と自分を比較したら、これ以上に傷ついてしまう。他人がどうしているかを気にしたら、これ以上傷ついてしまう。他人が自分をどう思っているかを気にしたら、これ以上傷ついてしまう。だからそれを止めようというのが心の主張だったのである。

その主張はときには勇ましいように響くが、心の姿勢としては、退行的といったほうがいい側面があった。傷つかないためにはどうしたらよいか、その一つの方法はwithdrawal（ウィズドローワル＝撤退）である。

こんなムダな努力で疲れてしまう人

その当時、私は講演に行っても、他人と自分を比較するなということをいった。するとよく「他人と自分を比較して、他人を見ならうことはいいことではないですか」という質問が出た。まさに、そのとおりである。

ただ、その質問をした人と私との、心の底にある自分についてのイメージがまったく違っているのである。その質問をした人はおそらく心の底に、自分は価値があるという自分のイメージをもっていたのであろう。だから、その人は自分と他人とを比較しても傷つかなかった。そして自分と他人とを比較しても生きていかれた。なによりもその人は、心が退行的になる理由を抱えていなかったのであろう。

私は当時、自分は価値がないという自分のイメージを心の奥底にもっている人に対しては、あまりにも多くの訴えかけるべきことをもっていた。しかし、自分は価値がある、人に好かれる、愛されるという自分のイメージを心の奥底にもっている人に対しては、訴えかけるものをなにももっていなかったのである。

「他人にどう思われたって気にするな」ということについても同じであった。自分は価値がないという自分のイメージを心の底にもっている人にとっては、他人が自分をどう思うか、ということを気にすることは傷つくことに結びついている。

自分は他人に好かれないのではないか、自分は他人に愛されないのではないか、と心の底で感じている人にとってみれば、他人が自分をどう思うかということを気にすることは、傷つくことであり、また、よく思われるためには、実際の自分を偽らなければならないことである。他人が自分をどう思うかと気にすることは、ほんとうにつらいことなのである。

ところがこれもまた講演のあとでよく質問が出た。他人からどう思われたって気にするな、ということは身勝手なことをすることにならないか、という質問である。これまたもっともな質問なのである。しかし、これも前のことと同じである。この質問者と私とでは、心の底にあるイメージがまったく逆だったのである。

この質問者は、自分はべつに他人に嫌われる存在ではないという、自分についてのイメージをもっていたのであろう。小さい頃、親にありのままの自分を受け入れられた人なのであろう。したがって、他人が自分をどう思うか、他人は自分のことを自分の望むようには思ってくれない、だから傷つく、ということのない人なのである。

人間は、自分が自分のことをどう感じているかということによって、ものごとへの反応はいろいろと違ってくる。肉体的なことを考えればすぐわかる。病気の人と健康な人がいれば、それぞれすすめることが違う。三十九度の熱のある人に散歩してくることを誰もすすめないであろう。

心理的にいえば、自分は価値がある、自分は他人に拒絶される存在ではない、自分は他人に受け入れられる、と感じつつ育った人、あるいはそんなことを意識することさえなく育った人が心理的に健康なのである。

そうした意味で、「俺には俺の生き方がある」というのは大切なことだと思っている。ただそれにしても、「いかに生きるか」が「どうしたら傷つかないか」と同じでは退行的にすぎる。

大切なことは、自分が自分をよく思えるようになることである。そのためにはやはり一度、自分は自分のことを悪く感じているという心の底の感じ方を正直に見つめることであろう。

そのことを正直に見つめることさえできれば、自分は価値がないというおしつけられた感じ方は消えていく。しかし、その心の底の自分についてのおしつけられた感じ方と直面することを避ければ、いつになっても自分についての否定的な感じ方は心の底にこびりついているであろう。

他人が自分のことを悪く思うのが怖いのは、自分が自分のことを否定的に感じているからにすぎない。もし自分が自分のことを肯定的に感じることができさえすれば、他人が自分のことを悪く思っても、それによって傷つくことはないのである。

もし自分が自分のことを肯定的に感じることができれば、他人に自分をよく印象づけようとする、神経質な努力で疲れることもなくなるであろう。また不安な緊張で身をかたくすることもなくなるであろう。

本当の「思いやり」と「やさしさ」とは

偉そうにして虚勢を張っている者ほど、他人の批判で傷つくであろう。高慢な人間は、どんなに平静をよそおっても、批判されたら心の底では傷つく。高慢な人間は、心の底で自分を軽蔑しているからこそ、他人の自分への批判に過敏なのである。そして自分を批判するものを激しく憎む。

虚栄心の強い人というのも同じであろう。他人を見くだし、自分のもっているものや、自分の地位を鼻にかけながら、他人が自分をどう見ているかを気にかけ、そして他人の批判に過敏に反応する。

おそらく虚栄心の強い美貌の夫人は、鏡を見て自分の美貌にうっとりし、一日に何度でも鏡を見るだろうし、なによりも自分の姿を見るのが好きだろう。あるいは自分の宝石を見るのが好きだろうし、社会的地位の高い自分の友人と話をするのも好きであろう。

美貌の夫人は、周囲の人間からちやほやされていなければ自分がもたないのではないだろうか。この夫人の他人に対する関心とは、その人が自分にどのような反応を示すかということでしかない。つまり他人そのものにはなんの関心もない。彼女に関心があるのは自分だけである。

湖に映る自分の姿に見とれるナルシスとは、じつは自分に自信のない美青年なのである。彼は湖に映る自分の姿を見ているようである。しかし、これは彼自身の目が彼の姿を見ているのではなく、他人はこんなにも自分を美しく見ているのではないだろうか、ということである。

彼は彼自身の姿に見とれているのではなくて、他人の心の中に映った自分の姿に見とれているのである。自分はこんなにも美しく他人に映っていると思って酔っているのである。

彼が酔っているのは、自分の心に映った自分ではない。彼がたたえているのは、自分の心に映った自分ではなく、他人の心に映った自分なのである。もっと言えば、彼は自分の心に映る自分ではなく、他人の心に映る自分にしか関心がないのである。

彼は自分がどのような人間であるかに関心がない。彼は自分が他人の心にどのように映っているかに関心があるのである。だからこそ、他人の批判に過敏に反応するし、他人の言動に傷つきやすいのである。

ナルシシストは自己評価の低い人と同じく、傷つきやすい。それは自分の本質そのものに関心がなく、他人の心に映る自分にしか関心がないからである。

自分がなにであるかという関心ではなく、自分がどう見られているかという関心がナルシシズムにはある。他人にとって自分がなにであるか、ということがナルシシストには大切なのである。

他人に嫌われることを恐れて他人に対していろいろ配慮をする自己執着的人間は、ナルシシストなのである。そうした意味で、『精神衛生講話』（岩波書店）を書いた精神科医の下田光造のいう執着性性格というのは、ある面ではナルシシストでもある。

他人に対する配慮があっても、それはあくまでも他人が自分に好意をもつためのものである。他人に嫌われることで傷つく。だからこそ他人に配慮する。他人に対する配慮はあくまでも、自分が傷つくことに対する防衛のための配慮である。

執着性格の人も、どこまでいっても他人そのものには関心がいかない。どこまでいっても関心は他人の心に映る自分の姿だけである。我執というのが、ある面ではナルシシズムなのである。

ナルシシズムを自己愛と訳したことに大きな間違いがあった。

我執の人は、他人に批判されると傷ついて怒る。そして怒れないときには抑うつ感情に襲われる。執着性性格はうつ病の病前性格である。それは怒れない我執の人を表現している。

ナルシシストや我執の人は、傷つくことを恐れて過度に自分を防衛する。しかし他人が傷つくことにはまったく無関心である。他人に関心がないのだからあたり前であるが、とにかく他人に対する思いやりはゼロである。

思いやりとかやさしさというのは、ナルシシズムが解消されれば自然に生まれてくるものである。逆にナルシスティックな愛の対象とされたほうはかなわない。

ナルシシストの親に「愛された」子はいつも傷ついている。親にとって唯一の現実は自分の人生であり、自分のナルシシズムである。子どもの欲求と自分の欲求が違うということを認識できない。

そのような親は子どもの欲求をふみにじりながら、「こんなに愛しているのに」というようにしか理解できないのである。親からしてほしくないことをしてもらって、「いや」とはいえず、うれしそうな顔をしなければならない子、そんな子はいつも心理的に挫折し、傷つきながら生きている。

ナルシシストの親にとって、この世の中で傷つくのは自分ひとりなのである。ナルシシストの親にとって、この世の中で欲求とは、自分の欲求だけなのである。

彼は他人の言葉を聞いていない。彼にとって他人の話は音でしかない。自分以外に重要な現実がないのだから、あたり前である。したがって、子どもの心を傷つけながら、自分は子どもを愛してやまないとしか思えないのである。

昔々からこのような過ちはあった。あのイプセンの『人形の家』がそうである。ヒロインであるノラがいった次の言葉は、夫には理解できなかった。

「あなたたちは、私にたいへんな間違いを犯してきた人です。はじめにお父さまが、それからあなたが」

夫は驚く。「なんだって、……おまえをこの世でなによりも愛してきた私たち二人が」

夫は決してウソをいっているのではあるまい。ただエゴイスティックにナルシスティックに自分の欲求を満たすことと、愛することが違うということが理解できないだけである。

ノラは「お父さまも、あなたも私に対してたいへんな罪を犯してきた」という。罪を犯しながらも、それを愛としか思えないほどナルシシストの現実はゆがんでいる。ナルシシストは立派な親という自己のイメージを限りなく愛するのである。そしてそのイメージを傷つけるものに対して憎しみをもつ。

「ちょっと弱い自分」の受けいれ方

我執の人、ナルシシストはうぬぼれている。うぬぼれるとは、「うぬ」つまり自分にほれるということであると解説されている。これこそが湖に映った自分の姿に魅せられて死んでいくナルシスの姿ではなかろうか。

「うぬ」にほれてしまって、他人にほれることができないのである。だが、うぬぼれている人間もやはり傷つきやすい。すばらしい自己像に自信がないから、どうしても批判に過敏になるし、批判に傷ついてしまう。

うぬぼれている人間は、心理的に不安である。心の底には劣等感がある。心の底では、実際の自分は、自分がそうであると主張しているすばらしい自己像とは違うと知っている。

うぬぼれている人間は、心の底の無意識のレベルで自分が劣っていると感じていることを知っている。そしてそれを憎んでいる。そしてその無意識のレベルにある劣等意識を他人に投射する。劣っている人間に対して厳しい批判をし、軽蔑し、憎む。これみよがしに嘲笑する。

うぬぼれている人間が劣った人間をこれみよがしに嘲笑するのは、うぬぼれている人間の心の葛藤をあらわしているのである。彼は自分が劣っていると感じていることを、どうしても認めることができない。しかし心の底の底では、自分が劣っていると感じている。

そのような心の葛藤は苦しい。その苦しさを一時的にせよ救ってくれるのは、劣った人間を非難し、軽蔑することである。自分が冷たいということを心の底の底で知りつつ、それを認めることができない人が、ことさらにあたたかさをよそおう。

そしてなによりも、そのようにあたたかさをよそおう人は、冷たい人を鋭く糾弾する。自分の弱点を受け入れられない人が、同じような弱点をもった人にもっともつらくあたる。

他人の弱点に対してあたたかい思いやりを示す人は、自分の弱点を受け入れている人である。体が弱いということにあたたかい思いやりを示す人は、体が弱いことを受け入れている人である。

体力があって、たくましい人間にあこがれ、厳しい出世競争に勝ちぬきたいと願いながらも、それだけの体力がない男がいる。しかしがんばって、気力で体力のなさをカバーし、どうしても自分が体力的に劣っていることを認められない男がいる。そんな男性がもっとも体力のない同僚に冷たいし、大げさに嘲笑しようとする。

ほんとうに体力があったり、また体力はないが、そのことを受け入れている人は、体力のない人に思いやりがある。

ただ、心の底の底で体力がないと知りつつも、気力で体力のなさをカバーしているような男は、ときに自分の体力にうぬぼれている。無意識のレベルで自分を憎みつつ、意識のレベルで自分にほれている人が、うぬぼれている人ではなかろうか。

第三者から見て高慢でうぬぼれている人がいる。そうした人は、やはり心の底で自分を憎んでいることの反動形成として、そうなってしまっているのである。

ナルシシストの自己誇大視は自己蔑視の反動形成であると先に書いたが、うぬぼれについても同じである。

ナルシシスト、我執の人、うぬぼれている人、これらの人は皆傷つきやすい。それは無意識のレベルで、自分を憎んでいるし、軽蔑しているし、信じていないからである。

2

なぜ「他人の声」が気になってしまうのか

他人が自分のことをなんとも思っていないのに、「自分のことをどう思っているだろう」と気にする人は、その心の底に、他人に特別にあつかってもらいたいという欲求があるような気がしてならない。

やはりいろいろなことを気にしすぎる人というのは、甘えたくても甘えることができない幼年時代というのがあったのだろうか。甘えの欲求が満たされないゆえに、妄想患者がもつような見当違いの考えに悩まされるのかもしれない。

自分の周囲にも自分と関係のない人がたくさんいる。その人たちにとって自分はなんでもない存在なのである。また自分の近くにいる人だって、その人のすべてと自分のすべてが関係あるわけではない。近くにいる人だって、自分に関係のない部分はあるし、自分の中にもその人にとって関係のない部分があってもいい。

しかし幼児的一体感というのは、それを許さない。

神経質な人は「気にするな」といわれても気になってしまう。それはやはり、なにか本質的なものが満たされていないので、「気にすまい」という意志の力ではどうにもできないのである。

なにも要求されないのに要求されているように感じてしまう人がいる。なにも期待されていないのに期待されていると感じてしまう人がいる。

実際にはまったく自由であるにもかかわらず、周囲からの重圧感に苦しんでいる人もいる。

それにはいくつかの原因が考えられよう。一つには、小さい頃、家で実際にいろいろな要求や期待をかけられていたということがある。小さい頃、気持ちのすみずみまで干渉され、支配され、どのように感じるかをいつも要求されていたという人もいよう。

あなたが感じるように感じてはいけません、私が期待するように感じなさい、私があなたにこう感じてほしいというように感じなさい、という暗黙の命令にしたがっていたような子どもは、大人になってもなにか周囲から期待されているように感じようとする。

周囲の大人がその人の内面になんら要求をしていないときでも、要求されているかのように感じる。古い不快な経験を再体験しているのである。

他人からなにも要求されていないのに要求されているように感じようとしてしまうのには、その他にもう一つ原因があるように思う。それは抑圧と投影である。

その人自身が周囲に対していろいろな要求と期待をもっている。しかもそれは幼児的なものである。小さい子の甘えというのは、結局は周囲に対する要求である。もちろん密着の願望でもある。

周囲の人間が自分を理解し、自分を受け入れてくれることを要求するのが甘えであろう。そしてその自分というのが、自己中心的な自分である。つまり自己中心的な自分に理解を示し、際限もなくその自分を受け入れてくれることを、甘えている者は求めている。

周囲に対して、ああしてもらいたい、こうしてもらいたいという、わがままな要求がある。そのわがままな要求を抑圧する。立派な大人であるためには、こんな幼児的な一体感をもっていることは許されない。

そこで自分の中にあるこの甘えの欲求から目をそむける。自分の中にある甘えの欲求を認めない。その甘えの欲求を自分の意識の外へと意志の力で追いやる。これが甘えの抑圧である。

そして精神医学者のユングが述べるごとく、抑圧されたものは投影される。つまり他人の中にこの甘えの欲求を見ようとする。

実際には自分の中に他人への欲求や期待があるのに、それを認めることなく無意識へと意志の力で追いやったため、逆に他人が自分に対して欲求をもっていると感じてしまうのである。

実際には自分の中に、他人に「こうしてほしい」という要求がある。それを抑圧したために、他人が自分に「こうしてほしい」と要求しているように感じる。「こうしてほしい」と要求されていないのに、「こうしてほしい」と要求されているように感じてしまう。周囲からの重圧感である。

そして多くの場合、第一にあげた古い経験の再体験と、第二にあげた抑圧と投影が重なる。というのは、小さい頃、甘えの欲求を満たされずに抑圧した人というのは、実際にその当時は周囲の人からいろいろ要求されていた人であることが多いからである。

親の甘えを子どもが満たしてやらなければならないときには、たいていこの二つが同時におきる。

「まわりからの要求が重いんです」

ところで、周囲からなにも要求されていないのに要求されていると思い重圧感をおぼえる人は、ときに実際の期待を感じることができない。

たとえば周囲に心やさしい人がいる。そして重圧感に苦しんでいる人を、なんとなくかわいそうだと思う。そして、なにかあの人は自分で自分を縛っているようだとわかる。そこで、あの人がもっと自由であってくれたら、自由にしていていいのに、と思う。しかし重圧感に苦しむ人は、この心やさしい人の心のうちを感じることができない。

そうした意味では重圧感に苦しむ人というのは、あまり現実に接していない人なのである。ただ自分ひとりの、ひとりよがりな世界に閉じこもってしまい、自分の心を周囲に投影し、それを現実と錯覚しつつ生きている。自分が現実と考えているのは、自分の心そのものにほかならない。

表の態度だけはひかえめな人の心の底には、じつは周囲への強い要求がひそんでいたりする。もちろん、ひかえめな人自身はそのことに気がついていない。

こうして遠慮深い人は、ひかえめに振る舞うことを期待されていないところでも、ひかえめに振る舞ってしまう。

遠慮深く、生真面目で堅苦しい人が感じているほど、周囲はその人に「こうあってほしい」と期待していない。

他人がなんとも思っていないのに、「どう思われているのだろう」と不安になることや、他人がなにも要求していないのに要求されているような重圧感に苦しむことは、妄想ではない。

たしかに妄想とはいわないが、その自分の錯覚を自覚するためには、この妄想患者の心理を勉強することが役に立つように思う。自分の気にする苦しみも第三者から見ると、あんな奇妙なことになるのかもしれないとわかることで、他人のことを気にするばからしさに気づくからである。

「自立への願望」が芽生えるとき

実際には誰も束縛していないのに束縛されているように感じる人というのは、心の底では他人と密着したいという甘えの願望が残されているのではないだろうか。

つまり妄想患者の考え方のおかしなことを思って自分の感じ方の間違いを理解すると、どこかさみしくなったりする。他人は自分とそこまでからんでいないのだ、自分は束縛されていないし、他人は自分にそこまで関心をもっていないということがわかると、ふと自分に頼りなさを感じる。

自分は実際には自由なのに束縛を感じていた、自分は錯覚していたのだ、じつは自分は自由なのだと感じたとき、ふっとつまらなさ、さみしさを感じる。

つまりその人は、束縛感の中で依存性を満たしていたというところもあるのである。ただその束縛感が耐えがたくなってきたということは、自立への願望が強まってきたということでもある。であれば、ふっとしたさみしさ、ふっとしたつまらなさ、ふっとした頼りなさにもかかわらず、実際のあるがままの現実に接して生きていくほうがよいであろう。

「絶えず見張られている」ような束縛感をもつ人は結構いる。自由でないのである。べつに大学生にでもなれば親が絶えず見張るわけはないのに、心の中では絶えず見張られているように感じる人もいる。

警察に見張られているといえば妄想になるが、心の中では親に見張られているような束縛感があって自由でないという大学生はたくさんいる。外であったことをなんでもかんでも親に報告しなければならないような気持ちになっている大学生などは、絶えず親に見張られているような束縛感をもっているくちである。

心の中で親の許可がなければなにもできないという人々である。そのような人がさらに大人になって社会人として働きだしたとき、実際には自由なのに、許可を受けなければなにもできないような気持ちになったり、誰も自分のことを特別に注目しているのではないのに見張られているような気持ちになるのだろう。

絶えず見張られているという束縛感は、心の底で絶えず見張っていてほしいという幼児的願望と結びついている。

だからこそ、他人は自分に「こうあってほしい」というような期待をもっていないのだということが理解されると、ふっとさみしさととまどいを感じるのである。

小さい子どもは母親のすべてを要求する。しかし大人になればつきあう相手のすべてを要求しているわけではない。

しかし自分のすべてを要求されていると感じてしまう人はいる。自分のすべてを要求されていないのに要求されていると錯覚する人は、じつは心の底で相手のすべてを幼児のように要求しているのである。

幼児が母親に対するように、自分が相手に対したときどうなるか。相手が幼児に対する母親になる。つまり自分のことを絶えず見張って保護し監督する人になる。

束縛感は自分の相手に対する幼児的願望の照り返しなのである。自分が相手を自由にしてあげられるだけ心理的に成長したとき、はじめて自分も自由になれる。

そこまで堅苦しくものごとを考えなくてもいいのにと思われるほど、小心で生真面目で几帳面な人は、心の底に意外な願望をもっているものである。それに気がつくことで、自分を縛っていた堅苦しさから救われるのではなかろうか。

実際には時間があるのにせきたてられるような気持ちになる。外側の環境がその人をせきたてているわけではない。内面的にせきたてられている。そういう人は現在に不安なのである。いまという時点にひとりとどまることが頼りないのであろう。先にいけばその頼りなさが救われると思う。とにかく「どこへいくのだかわからないけど、急がなければ」とせきたてられている人について、オーストリアの精神医学者、フランクルも書いている。

また、そこにいくにはまだ時間があり、ここでゆっくりしていていいのに、その目的地へと急ぐ人もいる。それは「いま、ここ」にいることが内面的に不安だからであろう。その目的地に着けば安心できるような気がしているのである。しかしそこに着けば着いたで、落ちついていられなくなり、また次のあせらなくてもいいことをあせってしなければならなくなる。

「いま、ここ」にある自由

ところで、なぜ「いま、ここ」にいることに不安を感じるのだろうか。それは「いま、ここ」において見張られていないからではなかろうか。「いま、ここ」で見張られていないので、頼りなくなってどうしていいかわからなくなって、とまどってしまい、次のところへとあせっているのではないだろうか。

「いま、ここ」にいることを許可されていない、「いま、ここ」にいることを要求されていない、「いま、ここ」にいることを期待されていない、そのことが不安なのではないだろうか。「いま、ここ」で自分が縛られていない、自由であることが心もとないのではないだろうか。「いま、ここ」に、あなたは自由ですと放りだされていることに心理的に耐えられないのではないだろうか。

人は縛られないときには規則によって縛られることを自ら求めていく。秩序の中にいないと不安なのは、秩序で自分を縛ろうとしているからである。

それが杓子定規な性格といわれる人であろう。杓子定規な考え方、杓子定規な感じ方、杓子定規な理解の仕方、それはそうすることで安心しようとしているのであろう。杓子定規であることで、許可されているという安心感がある。なにに許可されているかといえば、規則に許可されているということである。なにかであることを要求され、「こうあってほしい」と期待されないと、ふっと頼りなくなってしまうが、規則に従っていれば、その頼りなさ、つまらなさ、さみしさ、無意味感からは解放されることになる。

杓子定規な性格の人というのは、規則、きまりにしがみつくことで安心しようとしているのである。だからこそ杓子定規な人というのは、いつも不安な緊張をして小心翼々としたところがある。まただからこそ、杓子定規な性格の人とか、外側からの理由がないのにいつもあせっているような人とかいうのが、他人がよいとも悪いともなんとも思っていないのに、「どう思われているのだろう」と不安になったり、他人が「こうあってほしい」と期待していないのに、期待されているように感じてしまうのである。

他人の期待をかなえることばかりで生きてきてしまうと、他人の期待なしにはなにもできなくなってしまう。そこで小心な倫理性ということも出てくるのではないだろうか。倫理的であることは、他人の期待にかなっていることである。

こりかたまった信仰心などというのも、そのようにして自分を安心させようとしているのである。それにしがみついているときだけ安心できるようになってしまっているのであろう。

それだけに、このような人にとって倫理的葛藤は普通の人以上の苦しみとなる。

3

迷いや悩みを閉じこめてはいけない

活発な精神内部の活動があるにもかかわらず、それが外部に向かった行為によって発散されず、強い感情をともなったまま保持されることを「抑留」という。

たとえば誰か異性を好きになる。きれいだなあ、魅力的だなあ、セクシーだなあという印象を受ける。そして会うたびに感情はたかぶる。

感情はどんどんたかぶるのだけれど、ひとりでそれをどうすることもできない。友人に、「じつはこんな人を好きになってしまった」と打ち明けられない。許されない恋などになると、これはもっとひどくなる。

また好きになった人に対して、好きになったと自分の恋心を打ち明けて、壊れるものなら壊してしまい、次の段階にいくなら次の段階にいくということができない。ひとりでじっと好きだ、好きだと思いつづけている。

そのような人は、あとで詳しく説明するが、強い緊張状態を解放していく「伝導能力」を欠いている人なのである。自分の内部の緊張に従って動かない。友人に打ち明けることも、当の本人に自分の恋心を伝えることも、酒を飲んで騒ぐこともできない。恋心は発散されないまま、いよいよ強まっていく。

友人に打ち明けるには、あまりにも臆病なのである。当人に自分の恋心を伝えるには、あまりにも内気なのである。そして精神内部の活動性はいよいよ高まる。

ついには、なにをやっても手につかないという状態になる。机の前に座ってボーッとして、その人のことを考えている。街を歩きながらその人のことを考えている。「なんてすばらしい人だろう、あんな人はこの世に二人といないのではないか」などと熱に浮かされるような生活がはじまる。

自分を神経質な人間であると決めこむと、いろいろな自分の体験を「神経質だから」と解釈してしまう。誰にでもあるような体験をしても、自分は「神経質だから」そうなったのだと思いこんでしまう。

自分がある悲劇的な体験をしたとき、いま自分が感じているようにすべての人が感じるわけではない、ということを心の中で思いおこしたほうがよい。ことに自分にとって恥ずべき体験をしたときには、このことは大切である。

同じ体験をしても、人によっては恥ずべき体験とは感じない。つまりどのような恥ずべき体験をしても、そのとき自分が感じているようには周囲の人は自分のことを見てはいないということである。

同じ秘められた望みのない恋愛や失恋でも、人によって反応は違う。ドイツの精神医学者、クレッチマーは次のように述べている。

「たとえばわれわれが『失恋』と名づけている体験それ自体にしても、その主観的体験形態はそれぞれの精神病質性人格によってまったく異なったものであることがわかる。失恋というものは、原始性の娘には激しい短い不快であり、無力性の娘には長い苦しい疲労困憊であり、ヒステリー女には半ば意識された内面的不調和となり、陰謀女には悪質の侮辱であり、訴訟好きの女には極悪非道の不正である。では失恋は敏感性人格にとってはなにであろうか。恥ずかしい敗北である」(『新敏感関係妄想』星和書店)

つまり失恋でも、なにか仕事上の失敗でも、自分にとって望ましくない体験をしたとき、自分の体験の解釈を唯一絶対のものと考えないことである。

自分がなにか失敗して、それを恥ずかしい敗北と感じたとき、それは「自分が」そう感じているのであって、その失敗は必ずしもすべての人にとって恥ずかしい敗北になるとはかぎらない。失恋したとき、その人がもし、後に述べるようなクレッチマーのいう敏感性性格であるならば、クレッチマーのいうとおり恥ずかしい敗北と感じ、その感じ方に心がいつまでもさいなまれるかもしれない。

しかし訴訟好きの人なら、相手のことを極悪非道と思い、それはきわめて不正なことと感じるのである。

われわれはともすると、自分の感じ方を人間の感じ方として唯一絶対のものと思いがちである。敏感性性格者は、そもそも失恋というものは恥ずかしい敗北であると思いこむ。すべての人にとって失恋は恥ずかしい敗北であると思いこむ。そしてすべての人はいま自分をそのように恥ずかしい敗北者と見ていると思いこむ。これらの自分の感じ方が、自分の主観的感じ方ではなく、客観的にそういうものだと思いこんでしまう。

しかし、このような体験をしたとき、われわれはいま、自分は自分の性格ゆえに、このように感じているにすぎないのだと自分に言い聞かせることを忘れてはならない。

「断わられる」は傷つく体験ではない

以前、東南アジアからの留学生に「日本人の意識構造」というテーマで講義をしていたことがある。あるとき、「日本人と甘え」というテーマで話をし、日本人の傷つきやすさについて話していた。

アメリカでの生活体験と比較しながら、アメリカ人は日本人にくらべてノーといわれたとき傷つかないという話をしていた。断わったり断わられたりすることで傷つくので、なるべくそのような機会を避けようと、相手の心を「察する」のが日本人であるというような話をしていたときである。

ある留学生が、いかにも不思議でたまらないというように、「どうして、断わられたくらいで傷つくのかな?」と首をかしげた。

「断わられる」という体験はすべての人にとって傷つく体験ではない。しかし、断わられたことで傷つき、くり返しくり返しそのことを心の中で再体験しているような人もいる。拒絶されたということが執拗《しつよう》に心を痛めつけるのは、拒絶そのものの性格ではなくその人の心の側の性格でもある。

ある体験が自分にとってどのようなものであるかということは、体験と自分との関係によって決まるのである。ある薬をどこに入れても同じ化学反応がおきるわけではない。人間についても同じことである。

そもそも失恋なら失恋にしても、失恋にいたる心理過程そのものが、その性格によって違うのである。ある体験を自分にとって絶対のものとしてしまわないことである。ついつい敏感性性格者的な人などは、体験を大げさに考える傾向がある。

ことに敏感性性格的要素とナルシシズムとをあわせもつような人は、他人から見ればどうでもいいような体験を、天下の一大事のように感じていたりする。「たいへんなこと」と「自分が」感じているだけであって、決してそのこと自体はたいへんなことではない。

「誰にも相談できない悩み」ほど……

ある学校でいじめから自殺者が出た。その学校にいた快活な子がいった。「自殺する前にどうして相談してくれなかったのだろう」と。

その快活な強力性性格の子にとっては、他人に相談するということは、べつにむずかしいことでもなんでもない。この子はなにかつらいことがあったとき、友人にそれを打ち明け、打ち明けることでそのつらさを半減することができるのであろう。しかし、自殺した子にとっては、他人に自分の苦しみを打ち明けるということがどうしてもできなかったのであろう。

強力性の子にとっては、「どうして」打ち明けてくれなかったのか、「どうして」相談してくれなかったのかと不思議でならないにちがいない。相談するというような簡単なことが「どうして」できないのか、その子には理解できない。

しかし自殺した子には、それが「できない」。交流分析でよく「できないのではなく、やらないのです」ということがいわれる。それはそのとおりなのである。

たしかに相談はできないのではなく、相談しないのである。しかし、自殺した子にとってみれば、やはり「できなかった」のであろう。

たしかに「できないのではなく、しないのである」。しかし、そのできないことに深くその人の性格がからんでいるということを理解しなければならないであろう。

そして、自分は敏感性性格的要素が強いと思う人は、いま自分にできないことがあったとしても、それは決して一般的に「できないこと」ではなく、「自分に」できないのだということを理解することである。

いま私はラジオのテレフォン人生相談という番組を担当している。その最初のほうに「誰にも相談できない悩み」という言葉が入る。誰にも相談できない悩みを相談してくれということである。

誰にも相談できない悩みがあるわけではなく、その人が誰にも相談しないのである。その人にとっては、相談することがたいへんむずかしいということである。

そしてじつをいえば、他人に相談することがむずかしい人ほど、他人に相談することが望ましいのである。他人に相談することがむずかしい人は、自分の悩みを自分の中で大きくふくれあがらせてしまうことが多い。

誰にもいえないまま、その悩みは自分の心の中に完全に閉じこめられ、いよいよ苦しみを増してしまう。誰にもいえず自分で自分を追いこんでいく。その悩みは「恥ずべきこと」と本人は感じている。しかしそれは他の人にとっては、決して恥ずかしい悩みなどではない。その人がひとりで勝手に恥ずかしいことと決めこんでいるだけということがいくらでもある。

なにかおもしろくないことがあったとき、自分の感情を外に向かって表現できないままでいるから「くやしい」のである。自分を傷つける者と闘わない人ほど「くやしさ」を味わう。ことに小さい頃神経症的な親に傷つけられても、「くやしい」と思うことさえ許されなかった人もいる。

4

人生は二倍も三倍も楽しめる

小心なくせに野心は人以上に強いという人がいる。敏感性性格者などである。人一倍臆病であり、どちらかといえば、きわめて狭い世界に生きていながらも、名誉欲のほうは人並み以上に強い。

そのような内面の矛盾葛藤のために、いつも過度の緊張をしている。なにかあるとくよくよと悩むだけで、実行力をともなわない。傷つきやすく感じやすく、そして勇気がない。

人前で注目されたい気持ちが強いのに、実際に人前に出るとおどおどしてしまう。善良で内気で神経質であっても、狭い世界の中で平和に暮らすことで満足していられるなら、さして心理的には問題ない。

しかし敏感性性格者のような人は、そこがうまくいかない。敏感性性格的な人々の苦痛は、優柔不断で勇気がなく、大胆な実行力に欠けるにもかかわらず、強い野心、あるいは名誉欲があるということである。自分の野心を実現する能力を欠いていながらも、その野心を捨てきれない。それゆえに強い自己不完全感に悩まされる。

ひとくちでいってしまえば、「実際の自分」を受け入れられないということであるが、「実際の自分」そのものがどうしようもなく矛盾した存在なのである。臆病で真面目で自信が多少欠如していても、その無力性性格だけであるなら問題はない。

クレッチマーの表現によると敏感性性格者は、その無力性性格の中核にトゲのように強力性性格が刺さっている。無力性性格ということも間違いなくその人なのである。おとなしく内気であるということは、決してウソではない。たしかにおとなしく内気であるというのも実際のその人である。

しかし何度もいうように、それだけではない。そのおとなしく内気であることに、野心や名誉欲がトゲのように刺さっている。

内気な野心家というのは、完全に内気にもなれなければ、たくましい野心家にもなれない。この矛盾が本人の中に過度の感情的緊張をもたらす。おそらくそれゆえに、普通の人以上に疲れやすいのであろう。

はたから見ていればなにもしていないようであっても、彼らの存在そのものが二つの矛盾する傾向の戦場になってしまっているのである。はたから見ていればなにもしなくても、内面の闘いにエネルギーを消耗しつくしていく。生きているというそのこと自体が、追撃戦さながらの様相を呈しているのである。

小心で真面目で倫理的な人は、闘っているときだけ闘っている。たくましい野心家も闘っているときだけ闘っている。

しかし繊細な傷つきやすい野心家は、闘うことなしに生きることができない。彼らにとって生きることそのものが、闘い以外にありようのないものなのである。

私の中の「二人の自分」

どんなに弱くやさしい人でも、それだけであるなら生きることそのこと自体はそれほどつらいものではない。環境さえととのえば、それなりに満ち足りた生活はできる。善良で強い人々に保護されながら生きることができれば、生きることそのものは、決して地獄ではない。

また、たくましい野心家は自己実現するために闘うし、自分を否定するものとは闘う。闘いは常に自分と外とである。しかし敏感性性格的な人は、外と闘っているのではない。いつも自分と自分が闘っているのである。

矛盾した面をもっていても、それらが二つ並んで内面にあるのならいい。しかしその二つが尖鋭的に対立し、どちらも相手方を否定するすさまじい対立が内面にある。

野心家であっても自然な野心家ではない。自然な野心家は決断力もあり、勇気もあり、たくましく強い。小心な野心家というのは自意識過剰なのである。

本来、野心というものは、外に向いたものである。それだけに肥大化した自意識をともなうものではない。それが敏感性性格的な人は、過剰な自意識のある野心家なのである。

それだけに、おのれの野心におのれを一体化させることができない。野望に燃えることはできない。全身をかたむけて野望を実現させようと闘うことができない。

それでいながら、いわゆる野心家より強い野心をもっていたりする。そしてときにその強い野心を自分にも他人にも隠そうとする。実現されない野心は、あきらめられることなく内からその人を緊張させる。それは繊細で傷つきやすい名誉心となる。なにかいつもくやしがっているようなところがある。

闘って敗北してあきらめのついた野心なら、その後の人生に影響を与えることもないだろうが、闘わずして残った野心は、その人を日常的な生活に満足させることをしない。なにかいつも心から満たされず、よりはなやかな生活、より尊敬を勝ちえる名誉を心の底で望んでいる。

それだけに現実の生活にはどことなく疎外感をもっている。心がパッと晴れることもなく、なにか別の生き方があるような気がしている。心の中で、この人生にはまだなにかあるだろう、なにかあるだろうと感じながら、なにごともなく過ぎていく。

わがままならわがままだけという人間なら、それはまたそれなりに生き方もある。それほどの疎外感もなく生きていけることもある。しかしわがままなのだけれど、他人にやさしく利他的なところもあるという人は、どうしても心から満足することができない。

わがままに振る舞えば、自分が支配者のように感じて、心が落ちつかない。もともとひかえめなところもあるのに、わがままに振る舞うのだから、振る舞ったあとで気がひけたり、後悔したりということになる。わがままに振る舞いつつ、後味が悪い。

ではひかえめにして相手のわがまま、利己主義を通してあげれば満足できるかといえば、これまた満足できない。自分自身わがままなのだから、不満足である、おもしろくない。

しかもその満ち足りない、おもしろくない気持ちをなかなか発散できない。いつまでも不愉快で仕方ない。どちらにしても不快になり、しかもその不快感が長びく。「あーすればよかった、こうすればよかった」と嘆いているうちに、時は過ぎていく。見返そうと思っているうちに、人生が終わる。

「強さ」も「弱さ」も受けいれると楽になる

自分が敏感性性格的だと思った人は、まずはじめに自分がそのような性格だということを受け入れることである。

次の2章で詳しく説明するが、自分の中には無力型と強力型の二つが対立しているという事実を受け入れ、自分をどちらか一方に決めこんでいこうとしないことである。

自分の中の無力性に気づくことで、無力性は強力性に対する対立性を弱めるし、自分の中の強力性に気づくことで、強力性は無力性に対するトゲの性質を弱めていく。

要するに自分が敏感性性格的なところがあると自覚することで、その矛盾対立の尖鋭化がやわらいでいく。

もし自分の中の野心とその挫折を認めないとすると、その実現されない野心は正義感の仮面をかぶって登場したりしてくる。自分の中にあるもともとの矛盾がいよいよ深刻化する。自分の内面の無益な闘争にいよいよ深く追いこまれ、いよいよ生きているというだけで消耗していく人間になってしまう。最後には、息をしているだけでもつらいという事態に追いこまれる。

ほんとうに自分がわかってくると、他人は問題でなくなる。他人によく思われるか悪く思われるかということが、自分にとって重大なことでなくなる。ほんとうに自分のことがわかってくるということが、自我の確立ということでもある。

自分には無力性性格もあり、強力性性格もある。その矛盾に苦しむよりは、無力性性格者としての自分、強力性性格者としての自分、二つの自分を楽しもうなどと考えられないだろうか。もしそうすれば、二倍の人生を生きたことにもなる。

自らを無益な戦場として消耗していくよりも、二倍も人生を楽しんでやろうという姿勢も大切であろう。自らの中の強力性、無力性の矛盾を自覚することで、無力性になるときは素直に無力性になり、強力性になるときは素直に強力性になる。

自らが受け身にかたむいたときは、こんなことではいけないと感情を緊張させて、自らを否定しようとしたりしないことである。無力性も自分の本質なのだと言い聞かせることである。

自らが野心に燃えたときは、自らの世俗性を責めたりしないで、素直に野望に身を任そうとすることである。自らの倫理性でその世俗性を正当化しようとしないことである。強力性も自分の本質なのだから。

問題は無力性にあるわけでもなく、強力性にあるわけでもなく、その矛盾対立の闘争にある。つまり、自分の中の強力性を捨てようとか、自分の中の無力性を捨てようとかいうことではなく、自分の中にある尖鋭化した矛盾から自分を救いだそうとすることが大切なのである。矛盾対立を自分の中で、単なる並列にしようとする努力こそ大切なのである。

2章

「心の風向き」を変えてみよう

——人間関係に強くなる処方箋

1

「仲よく」「平和」の裏側で

なにかにつけて「ゆずる」人がいる。そしてなにかにつけてゆずる人のまわりにいる人は、その人がゆずるのを当然のように振る舞いはじめる。

小さい頃の家族の中での関係から学生時代の仲間、そして会社での人間関係にいたるまで、いつもいつも、生まれてからずっとゆずりつづけて生きている人がいる。そしてそのまわりにいる人は、そのなにかにつけてゆずる人が、心の底でどのくらい傷ついているかを知らない。

いや、たいていゆずっている本人すら、自分の心の中の怒りに気づいていない。だからこそ、そういう人は神経症になったり、抑うつ状態になったりして、破綻《はたん》していくのである。

誰だって小さい頃から好きこのんでゆずっているわけではない。三歳の子どもが、七歳の子どもが、十歳の子どもがどうして好きこのんでゆずるであろうか。

なんでもゆずる子は、親や兄弟にとって都合のよい存在なのである。また、なんでもゆずる友人は仲間にとって都合のよい存在なのである。なんでもゆずるサラリーマンは、会社や上司、同僚、部下にとって都合のよい存在なのである。

しかしその人は、お人好し以外の何者でもない。

「お人好し」といわれている人には、二種類ある。一つのタイプは無力性性格、あるいは弱力性性格といわれるものであり、もう一つはクレッチマーのいう敏感性性格的な人である。

二つのタイプとも心の中は傷つき、怒りに燃えているかもしれないが、後者のタイプのほうがやはり心の底の怒りと憎しみは激しい。それは敏感性性格の者は、先に述べたとおり無力性の中核にトゲのように強力性が刺さっているからである。

一つの錠を二人の兄弟がとりあうとする。二人ともその錠でドアを開けたい。そのとき、ゆずる子と、自分がその錠でドアを開けられなければ騒ぐ子とがいる。必ず騒ぐ子が勝つ。大人になっても騒いでわめく人間のわがままが通っていく。

日本の社会にある恐ろしい言葉、それは「ごねどく」という言葉である。私は死ぬまで、ごねどくの人間を許せない。

ごねたり、騒いだりすることでその人間の利己的要求は通るが、それだけどこかで「おとなしい」人間が犠牲になっているのである。

上に立つ者はよくおとなしい人間を犠牲にする。それはその場をおさめていくのになによりも安易なやり方が、おとなしい人間を犠牲にして、ごねる人間、騒ぐ人間、泣く人間の「わがまま」を通すことであるからだろう。

政治はもちろんそうであるが、家の中だってそうである。先にもいったとおり、兄弟が一つのものをとりあったとき、必ず騒ぐほうのわがままが通る。

姉と弟であれ、兄と妹であれ、とにかく泣いて騒ぐほうが得する。「黙ってじっと我慢するおとなしい子」のほうが損する。

それは親にとって、「だまってじっと我慢するおとなしい子」を犠牲にして、泣いたり、わめいたり、騒ぐ子のわがままを通してしまうほうが、その場をおさめやすいからである。

しかし、泣いたり、わめいたり、騒ぐ子も、そのわがままを通すことでその場をおさめる親も、「だまってじっと我慢するおとなしい子」がどれだけのことに耐えているか、まったく気づいていないのである。

どれだけの怒りに耐えて、じっと我慢しつづけておとなしく生きているのか、泣いてわめく兄弟や親などに決してわかるものではない。いや先にも書いたとおり、本人すら気づいていないこともあるのである。しかし、その人が心の底の底で味わう「くやしさ」は、すさまじいまでの感情である。

いや一生それに気づくことなく、じっと怒りに耐えておとなしく生きて、神経症になったまま人生を閉じていく人がなんとこの世に多いことだろうか。

そして他方ではそのように「おとなしい」人を搾取《さくしゅ》し、犠牲にし、血を吸って、自分の思いあがった利己的要求を通し、やりたい放題で生きていく人のまたなんと多いことだろうか。

片方は生涯にわたって自分のわがままを通し、他方は生涯にわたって心の底で「くやしさ」を味わいつつ、自分のわがままを抑えて生きる。ひとくちに、生涯にわたって自分のわがままを抑えて生きるといっても、それは○歳からはじまって、ただただ耐えるだけで生きるということである。

こんな人が神経症になったり反応性うつ病になったりして、自分の人生を悲観したり自分に失望したりしたって、それは無理ないことなのである。

私は勝者というのは楽観的な努力家だと思う。敗者というのは悲観的なくせにあまり努力しない人であると思う。「おとなしい」人というのは、なかなか勝者にはなれない。ここで勝者といっているのは、生きる喜びを実感できる人のことである。

「私がゆずってばかり」の悲劇

泣いてわめく人、騒ぐ人、ごねる人、それらの人は、ゆずった相手もまた自分と同じ人間だということを忘れているのである。人の顔を土足で踏みつけながら、踏みつけていることにさえ気がつかない。

私自身は「おとなしい」人のほうであった。したがって、いつもゆずりつつ生きている敏感性性格的な人が、どれほど傷つき、怒りに耐えて「くやしさ」を味わっているか知っているつもりでいる。そして私自身二十代の神経症の時代、自分がどれほどの怒りにうちふるえているか知らなかった。まただからこそ、神経症にならざるを得なかったのである。

しかし幸いにも、いろいろの偶然が重なって、私は自分の心の中にある怒りに気がつき、神経症や抑うつ状態からぬけだすことができた。

そのとき、私は自分で自分の心の中の怒りと憎しみのものすごさに圧倒されて、どう振る舞っていいかわからなかった。小さい頃から抑えに抑えてきた怒りと憎しみの激しさに、ただ自分でどうしていいかわからず、とまどってしまった。もし私がこの自分の中のすさまじい怒りと憎しみに独身のとき気づいていたら、私は殺人を犯したかもしれないとさえ思っている。

その怒りと憎しみにくらべたら、道徳などは風の前のチリほどの重さもなかった。というより、人を平気で踏みにじり、気が狂うまでに追いこんでおいて、自分はのうのうといい生活をしている人間を殺すことのほうが、道徳的なことなのかもしれないとまで思った。

その憎しみと怒りの対象は、親兄姉からはじまって、高校時代に「あいつはあつかいやすい」と公言していた友人にいたるまで、広範にわたっていた。

それまで主人と奴隷という関係で生きてきたすべての関係について、怒りは向けられていた。私はなんでもいうことをよく聞く「おとなしい」奴隷であった。怒ることを禁じられた奴隷であったばかりでなく、怒っていることに気づくことも禁じられていた。

私に許された感情は、「相手を好きになること」「相手を愛すること」であった。どんなにひどい侮辱を受けても、家族のあいだでそのことを怒ることは禁じられた。

私は自分の中の怒りに気づいた当時、「仲よく」とか「平和」とかいう言葉を見ると、それだけでカーッとなった。自分はどれほどこの言葉に痛めつけられてきたのかと思ったからである。

小さい頃から親の「仲よくしなさい」という言葉で常に私は犠牲をしいられた。一つのものを二人がほしがれば、必ず私がゆずらねばならなかった。私がほしがれば、必ずケンカになり、叱られるのはなぜか決まって私であった。

一つのものを二人がほしがる。必ず騒ぐほうが得する。「あげなさい」というのが親の命令である。私はいつも黙ってゆずった。心の底の底では、「それじゃ、僕はどうなるのだ」という叫びがあった。しかし、この心の底の底の叫びを意識することは禁じられた。

「仲よくしなければいけない」という倫理から私はこの「それじゃ、僕はどうなるんだ」という心の底の叫びに耳をかたむけることは、固く固く禁じられていたのである。

それだけに自分の抑圧がとれたとき、「仲よく」とか「平和」とかいう言葉を見たり聞いたりすると、この昔の心の底の絶叫が聞こえてきてカーッとなってくるのである。「仲よく」とか「平和」とかいうことで、どれだけ多くの弱い立場の者がひきつづき虐《しいた》げられ、踏みにじられてきているかわからないのである。

主人と奴隷という立場をあらかじめ決められて、仲よいことを求められたとき、どれほどの屈辱を奴隷が味わうかということを、この「仲よく」「平和」を唱える人は考えたことがあるのであろうか。

主人と奴隷という立場など、いまの世の中にはないなどという人は、他人の血の犠牲のうえで甘い汁を吸いつづけてきた人なのである。家の中から会社まで、なんとなく「ゆずる」ことをはじめから期待されている人というのはいるのではないだろうか。

そしてそのような人の犠牲によって、その集団の平和が保たれていることはないだろうか。

「あいつはうるさいから」ということで、なんとなくその人のわがままが通っていることはないだろうか。

あらかじめ「ゆずる」ことを期待されている人だって、ゆずらない人と同じように、そのことがやりたい、それがほしいという気持ちはあるのではなかろうか。それを我慢してゆずっているだけの話である。

しかもそのゆずる人が尊敬されるかというと、決してそうではない。軽く見られるだけである。「仲間だから」「兄弟だから」ということで、ゆずることを要求される側はいつも決まっている。

「仲間だから」「兄弟だから」という言葉がその人の有利なように使われることは、一度もない。決まってその人に不利益を耐えさせるためにのみ使われる。「仲間だから」「兄弟だから」ゆずり「あう」というのではない。必ず一方が他方に、いつも一方的にゆずるためにのみ使われる。

2

ものごとは、ときに丸く収めなくてもいい

日本の社会ではよく、「まるくおさめる」ということが尊ばれる。ことは荒だてないほうがいいとされる。私だってできればそのほうがいいと思っている。

しかしなにを犠牲にして、誰の犠牲においてことがまるくおさまったのかということは、しっかりとわきまえなければいけないことではなかろうか。私の知るかぎり、「まるくおさまる」ときはたいてい人のいい人間が犠牲になって、利己的な人間が不当な利益を得ている。

「まるくおさまる」ことはよいことだが、それが最優先する集団は、病的な集団である。犠牲になる人間はたいてい決まっているのであるから。そしてその人間がどれだけ傷ついているかを、周囲の人間はたいてい理解できていないのであるから。

「愚者の楽園」という言葉がある。もしまるくおさまることがすべてに優先するなら、それはエゴイストの楽園である。そしてこの日本には、なんとエゴイストの楽園の多いことか。しかしそれは同時に、お人好しの人間にとっては地獄でしかないのである。

日本人がこれほどまでに陰で人の悪口をいい、嫉妬深く、会社では足のひっぱりあいがあるのは、エゴイストの楽園だからではなかろうか。皆ゆずりながらも、おもしろくないのではなかろうか。

一見、柔和で物腰のやわらかい人でも、芯は強いという人がいる。そういう人がかえって、受けた侮辱に対してはなかなか反感が消えないということがある。

表面的に「けしからん、けしからん」と大声で騒ぐ人より、反感は根深く克服しがたいものである。大声で騒ぐ人はもともと不当に優遇されるし、侮辱を受けたとしても騒いで解消できる。

それに対して、一見温和に見える人は、ついつい不当な不利益をこうむる。その不利益、侮辱は強力性性格の人より耐えがたいものであり、しかも発散できず、うらみとなって長く心の中にとどまる。

外的に与えられた侮辱や不利益の影響の長さは、強力性性格や無力性性格の人よりはるかに長い。それらの人から見れば異常と思えるほど長い。

真面目で良心的であればあるほど、大騒ぎするエゴイストの横暴に克服しがたい反感をもつ。良心的で温和であれば、「それでは俺の不利益はどうなるんだ」とは叫べない。相手の不利益は気の毒だからなおそうという。そしてなおすことで、こちらの不利益が出る。

しかしそれは、「まあ我慢してくれ」となる。もともと執着性性格だの敏感性性格だのという人は自責の念が強いから、くやしくても自分のわがままはいってはならないと我慢することになる。

しかし、考えてみれば、「あなたは我慢しなくていいです。あなたは我慢しなければいけません」とあらかじめ決まっていること自体がおかしいのである。

そしていったんそのようになんとなく決まってしまうと、仕事熱心で温和で良心的な人の中に、夜も眠れぬほどの侮辱や不利益への反感があることに、周囲の人は気づかない。ひかえめで勤勉な人は報われない。このことがわかっていないのである。

誰が喜んで自らすすんで報われない立場をとるだろうか。そのような立場にならざるを得なくて、やむを得ずそのようになっているのである。そしてそのような立場に立たされてしまったから、食欲不振、便秘、不眠、頭痛を耐え忍んでがんばって働いているのである。

大声で騒ぐ異常な利己主義者たちは、それならそのように主張すればいいではないかという。しかし同じように利己的になれば、その集団は壊れる。

温和でひかえめで良心的で勤勉な者は、その集団が壊れることを避けようとするから、結局ゆずらざるを得ないのである。家庭でもそうである。自分が他の成員と同じように利己的になれば家はもたないとわかるから、ゆずってしまう。会社でも同じである。あいつと同じに自分が利己的になれば、自分の課は業績をあげられない、まとまりがなくなるとわかるから「あいつ」にゆずってしまうのである。

私は上に立つ者の大切な資質は、ひかえめで勤勉な者がそれなりに報われるようにすることだと思っている。その場その場を無原則におさめていこうとするようなリーダーは、まず間違いなくこのひかえめで勤勉で温和な人を犠牲にする。

リーダーがただただその場をうまくおさめていこうとすれば、どうしたってこの少し堅苦しいけれど良心的な人に不公平に負担を背負ってもらって、集団の問題を解決していくことにならざるを得ない。

そしておかしなことに、ある人が不公平に負担をいったん背負うと、なんとなく皆はそれがあたり前と感じはじめてしまうのである。もともと堅苦しくて良心的で勤勉な人というのは、普通の人よりはいつも不安な緊張があるから疲れやすい。

大声で騒ぐエゴイストのほうがよほど疲れていない。それなのに疲れていて、しかも疲れやすい敏感性性格的な人に負担はどんどんかかっていく。そしていま述べたとおり、いったんそのようになってしまうと、今度はその人が、疲れや仕事上の負担の軽減を訴えても、誰も耳を貸さないのである。たいていその必死の訴えは無視される。

「心の荷物」を棚おろしする

すぐれた上司、すぐれたリーダーというのは、じつはこの訴えをきちんと聞いてあげることができる人なのである。周囲の同僚や部下にはわからなくても、きちんとそのようなことがわかるというのが上司、リーダーの資質である。

それにしても、このように上役として、上に立つ者としてきわめて重要な資質を欠いているリーダーの、なんと多いことであろうか。不公平に負担を背負わされ、疲労困憊《こんぱい》し、怒りやすくなれば、「あいつはすぐに怒る」「あいつはなんかいつもイライラしているな」と評判が悪くなる。

過重な労働を不公平にさせられて、訴えを無視されて、神経がおかしくなったあげくに、「あいつは仕事ができない」ということで、放りだされたり、窓際に追いやられる。そして温和に見えても、心の中では、冷たいエゴイストよりは、そのことで深く傷ついている。

出世できなかったことで上司を憎んで、悪口をいって歩ける人はまだいい。

敏感性性格的な人は、そのことを不満に思っても、会社内で上司の悪口もいえない。いや仲間と一緒に飲みながら、その上司や同僚をぼろくそにけなすこともできない。

いやむしろそのことを、自分の能力不足と受けとめようとするような生真面目さがある。しかしこの人は完全には倫理的な人ではないので、そのように思いこもうとしたって思いこめるものでもない。

この人だって職業上の名誉もほしいし、お金もほしい、その点では大声を出して騒ぐエゴイストと同じことである。それなのにそのエゴイストに負けてしまう。エゴイストのように威勢よく自分の利己的なことだけを平気で主張できない。

そのような主張にはどうしても良心の呵責《かしやく》を感じてしまう。そして自分の主張をひっこめる。あるいはひっこめさせられる。「彼の利益が優先します」といわれて、自分の利益を手放す。そのとき心の中の奥深い無意識の領域で、「それでは俺の利益はどうなるんだ」と叫ぶ。

しかしその叫び声は、彼をも含めて誰にも聞こえない。ほんとうをいえば、その声を聞ける能力こそ、上司に必要な能力なのである。もしそのような上司や親が日本にたくさんいれば、それに正比例して、「うらめしや」といって出てくるお化けは、日本に少なくなるのではなかろうか。

善良な人を甘く見るな！　このことがわかっている人のなんと少ないことか。少なくともいまの日本では、家の中でも、地域社会でも、職場でも、どこでも善良で勤勉な努力家に負担が不公平にかかりすぎている。

重荷の背負い方が不公平なうえに、仕事がうまくいかないとき、えてして非難されるのは、この不当に重荷を背負わされている人たちなのである。

そして荷物をもたない横柄なエゴイストが思いあがって意気揚々としていたりする。この世の中には、ほんのちょっとしたことがひどくこたえる人もいれば、なにを言われてもあまりこたえない人もいる。

押しの強い人だけが得をするということのないように配慮できる上役が、私は有能な上役だと思う。この世の中にはいざこざがいやな人、いざこざがこたえる人、いざこざの不愉快さに耐えられない人がいる。しかしいざこざがいやであっても、それ以上に自分の利益が大切で、いざこざがあっても一晩飲めば忘れてしまうという人もいる。

自分の利己的な主張を堂々とする人は、ひかえめな人に、おまえだって主張すればいいじゃないかという。するとひかえめな人は、「そうなんだ」というようになってしまう。これはまったく利己的な人の土俵にのってこいといわれて、そうですとのっていくのと同じである。おまえだって主張すればいいじゃないかといわれれば、「おまえだって少しは自己抑制して他人の利益を考えろ」というのがいいのではないだろうか。

もしどうしても「おまえだって主張すればいいじゃないか」というなら、化けて出られてもあきらめるより仕方ない。つまりお互いに自分を主張するというときには、お互いにゆずる姿勢があってはじめて成り立つことなのである。

声の大きいエゴイストははじめからゆずるつもりはないし、そのような心情的やさしさがない。そのうえで、相手に主張してもよいといっているのである。

これはたいへんな思いあがりで、他人の人格を二重にも三重にも無視したひとりよがりの横柄な態度である。相手の主張を聞く心の姿勢がないうえで主張しろというのは、きわめて卑怯なのである。

そこらへんのことをわかっていなければいけないのが上司なのである。言葉だけ聞いていれば、「おまえだって主張すればいい」というのは正しい。したがって反論しにくい。

しかしこの正しさには前提がある。たいていこのようなことをいうエゴイストは、その前提を欠いているのである。そこのところを見ぬけるのが、すぐれたリーダーなのである。

3

〝ひかえめな人〟が抱えているもの

我慢を強いられた人の「くやしい！」という叫びは攻撃的であるが、同時に助けを求めている。助けを求める手段が「くやしい！」という叫びである。

目的は、「自分をもっと愛してほしい」である。その目的を果たすために「私はこんなに苦しい」という悩みを表現している。周囲の人に悩みを大げさにあらわしている人は、周囲の人を攻撃しているのであり、「もっと私を愛してほしい」と叫んでいるのである。

「くやしい！」と叫んでいる人がいる。その叫びが心の中にとどまっているのが、敏感性性格の人であり、外に大声を出して騒いでしまうのが、発揚性性格の人である。

子どもは助けを求める。飢え、痛み、その他の肉体的不快感は不安とミックスされる。[1] この不安が、助けを求めるものとして機能する。[2]

オーストリアの心理学者アドラーは「攻撃的不安」とか「攻撃的悩み」という言葉を使っている。心配とか不安は、「助けを求めること」として機能するとアドラーはいう。[3] そしてすべての人に、これはおなじみのことであるとアドラーはいう。[4] これをアドラーは社会的に表現された攻撃だという。もちろん直接的に表現されるわけではない。不安として表現される。

先に書いたように敏感性性格の人は「繊細な傷つきやすい野心家」「過剰な自意識のある野心家」である。[5] この繊細で傷つきやすい名誉心が「喉に刺さった魚のトゲ」である。繊細で傷つきやすい名誉心が力への願望である。

なぜ力への願望をもつのか？

それは野心家であるからである。不安から逃れるためである。しかもその野心は隠されているし、野心とは反対の繊細さをもっている。

ひと言でいえばパーソナリティーに矛盾を含んでいる。それが敏感性性格の人を苦しめる。敏感性性格の人は、先に述べたように「小心な野心家」⑹だから攻撃的不安をもって苦しんでいる。

敏感性性格の人は、「自分はこの繊細で傷つきやすい野心家である」という点を理解しないと、苦しみから抜け出すことはむずかしい。彼らは現実の虚しさを埋めるための名誉がほしい。

繊細な野心家だから、苦労して実力以上の自分を世の中に見せている。「実際の自分」以上の自分を世の中に見せている。

「実際の自分」と見せている自分との違いが彼らの脅えの原因である。

敏感性性格の人は、いつも「自分の正体を見破られないか？」とおびえている。その不安が攻撃的不安である。完全な人間になろうとするから悩む。だから力を望む。

「嫌われるのが怖い」のも同じ理由である。「実際の自分」は世の中に見せている自分ではない。しかも「実際の自分」に対して無意識で自己蔑視がある。

心の底で自分が自分を軽蔑している。だから普通の人以上に「嫌われるのが怖い」のである。

人に認められても、自分は自分の心の底では「ほんとうの自分」を知っている。

だから人に認められようとして努力するのではなく、自分の内面に向かって歩きはじめればよい。自分の心のあり方を変えようとして努力すればよい。

どんなに虚勢を張っていても、心の底では捨てられた猫のようなイメージである。

この繊細で傷つきやすい名誉心が、いつも傷つけられるから、いつもくやしい。それをいつも我慢している。だから口惜しさで生きるエネルギーを消耗してしまうのはあたり前である。

「野心的な人はいつも緊張が解けない。（中略）大部分の神経症者は、野心がくじかれた人々なのである。これはほとんど公式といえる」[7]

問題は、なぜ野心をもったかということである。

それは「自分がひどく劣等に思えるので、名声や富や力なくては人生は耐えがたいという連中なのだ」[8]。

もう一つ大切な考え方がある。それは社会心理学者フロムの考えである。

要するにあなたは周囲の人から気に入られても、あなたの不安は決してなくならない、という考えである。周囲の人に気に入られることは、あなたの心の問題を解決しない。

敏感性性格の人は、気にしている自分の弱点を他人に気づかれるのではないかと恐れる。

この恐怖感で、人は好かれようとして無理をして犠牲を払う。肉体的に無理をする。病気でも時間をつくって嫌いな人でも会う。

好かれたいから憎しみの表現を抑える。怒りを我慢する。そして隠された敵意をもってしまう。それが根深い憎しみのパーソナリティーを形成する。嫌われまいと無理をする、好かれようと無理をする、これが隠された敵意の原因である。

アメリカの精神科医ジョージ・ウエインバーグは、関係を第一にしないことと述べている。

アドラーは著書[9]の中で社会的に表現され、かつ隠されている攻撃性の例としてD氏という人物をあげている[10]。このD氏については『軽いうつ病D氏の日常生活』（三笠書房）という本でとりあげた。

D氏は、外面は「よい銀行員」だが、家に帰ってくると気むずかしい。彼は家では、皆からもっと大切にあつかわれようとする。もっと大切にあつかってもらえないのがくやしい。もっと大切にあつかってもらえないのが不満である。そこでひそかにもっと大切な立場に立とうとする。力があれば、その立場を得られるとD氏は思っている。だから力への願望が強い。

のどに刺さった魚の骨にあたるのは、この隠された「力への願望」である。

敏感性性格の人は、じつは不安で、力を望んでいる。しかしその願望実現に向かって直接的な行動ができない。彼がするのは過度のお世辞、過度の優しさ、過度のなぐさめなどである。[11] それは力への欲求をつくりだし、次に優越への努力になっていく。[12]

攻撃的不安はいろいろなかたちで示される。自己憐憫におちいっていることでも表現される。自己憐憫というかたちで間接的にあらわしている。「自分の問題を口にしすぎること、自分の問題のことばかりを考えていること、人々の同情を得ようと運動すること」なども自己憐憫の兆候である。[13] 表面的には自分を憐れんでいるようであるが、内容は攻撃性である。自分を憐れむことを通して相手を攻撃している。

自己憐憫しつつ、「お前たちのためにこうなった」ということで相手を責めているのである。「こんなにつらいのにお前の態度はひどい」という気持ちが攻撃性である。

D氏はいつも不安なのであろう。「自分が望む愛情を得られないかもしれない」と不安なのである。それだけ人が自分をどう思うかを気にする。

D氏が「嘆く」ことに隠されている密かな目的は、優越への願望である。あざむいたり、自己憐憫したり、自己卑下したり、お世辞をいったりいろいろするが、根底に流れているのは攻撃的不安である。

D氏は「私はこんなにたいへんなのだ」といつもいっていないではいられない。「私はこんなにたいへんなのだ」といつもいっていることで心のバランスを保っている。

「私はこんなにたいへんなのだ」を訳すと「私はくやしい」である。

表面的には自分を憐れんでいるようであるが、内容は攻撃性である。自分を憐れむことを通して相手を攻撃している。

彼の行為の目的は他人と協力するのではなく、他人を攻撃することである。自分の希望、自分の願い、自分の要求、自分の意志をはっきりと相手にいわない。

自分が不安だから皆が自分を愛するようにさせようとする。そのために人を操作する。相手に向かって「愛してほしい」と直接的にいえない。

それがアドラーのいう攻撃的不安である。

ドイツの精神医学者クレッチマーは『新敏感関係妄想』の中で、ある性格の中にあらわれる強力性を判定するのに、三つの尺度が決定的であると述べている。

第一は感動の高さである。これは印象能力という概念と結びついている。第二は感動の持続性である。これは保持能力に応じている。第三は感動表出性の度合いである。これは伝導能力に応じている。

「強迫神経症患者は好訴的患者より無力性である。なぜなら強迫神経症の患者にとっては、感情の高さと持続性が著しいにもかかわらず、自由に感情を表現する能力がないからである」

決して強力性のほうがいいとか、無力性のほうが悪いとかいう概念ではない。利他的倫理は、人間の無力性の体験から発生するといわれる。

私がここで論じたいのは、決して精神病質性性格そのものではなく、このようなものの概念を利用した一般的なわれわれの望ましい性格のあり方である。自分の性格を正しく把握し、そしてどうしたら生きやすく、そして自分にとって意味ある人生を送れるかということである。

そのためには、自分の感じ方というものを唯一のものと考えてはならない。また感じたことをその後、内面的にどう処理するかということも人によって違う。クレッチマーの言葉を使えば、保持能力も違う。

そして当然ながら、高まった緊張を平静にする適応能力、つまり伝導能力も違う。強迫神経症者はその点でつらいのである。感情の高さが持続され、緊張をとくための表現能力がないからである。

このように伝導能力がないのにもかかわらず、感じやすい人々が敏感性性格といわれる人々である。外から見ていれば、たいそうひかえめな人に見える。

それだけに敏感性性格者は日本の社会の中などでは、人格者のように見られがちである。日本では出しゃばることは評判を落とす。出すぎないということが大切な日本の社会の中にあって、ひかえめなことは徳である。

しかし本人の心の中の葛藤はたいへんなものである。敏感性性格の人は腹が立っても、会議などではじっと我慢して発言しない。発言しないからといって、怒っていないわけではない。

心の中では「あんなことをいってけしからん」と怒っている。しかし「それはおかしいじゃないですか」と発言はできない。そこで自分の内面を外に表現してしまえばいいのであるが、内気だからそれができない。

そうすると、どうなるか。家に帰ってひとりになって、心の中でその不満を処理できずに、心の中でひとりごとをいいつづける。心の中ではいろいろ不満を相手に向かって表現するが、いざ面と向かうと人のよさそうな笑いをうかべてしまう。しかし不満の感情は、いつまでも保持されつづける。

やがて白昼夢でも見はじめる。自分が相手を会議の席でやっつける場面などを想像したりする。そしてその白昼夢で疲れてしまう。敏感性性格の人が疲れやすいのは、いつも内面が緊張しているからであろう。いつもくやしいからであろう。

緊張があるという点で敏感性性格者は、純粋な無力性性格者ではない。無力性の反応では、傷つきやすいが緊張のない抑うつという形態をとる。

彼らはあまり人と争わないが、心の中が満足していて争わないのではない。心の中ではいつも人と争っている。しかしそれを表面に出せないのである。夜も床につけば心の中では人と争っている。その人に不満をぶつけている。だからこそ不眠症などになるのである。

もし伝導能力があって、その場その場で自分がいいたいことをいっていれば、心の中で不満をいいつつ、不眠症になどなるはずがないであろう。

敏感性性格的な人は、いつもなにかにとらわれている。いつもなにかを考えている。「心ここにあらず」という状態である。つまりあることで不満がある。会社の人事のことかもしれない。「あいつが昇格するのはおかしい」という不満かもしれない。自分を昇格させない上司への不満かもしれない。いずれにしろなにかの不満がある。

するとその不満が意識の中心を占めてしまう。上司にはっきりとものがいえないことはもちろん、正式に会議で発言もできず、かといって飲み屋で不満をあらいざらいぶちまけて荒れるということもできない。

そこで道を歩いていても、電車に乗っていても、心の中ではいいたいことをいっているのである。歩いている道の景色を見ているのではなく、心の中でいつも不満を述べている。その場面を頭の中でいつも想像している。

「あいつが昇格するのはおかしい」ということが意識の中心にでんと腰をすえてしまっていて、そのことを中心にした想像劇を心の中で演じている。その心の中の劇では、自分は発言している。

彼は電車に乗っていても、道を歩いていても、その劇の中の自分のほうに気をとられてしまっている。したがって、いつも「心ここにあらず」なのである。現在に集中できない。現在に集中できないのは、過去のことに納得がいっていないからである。

そして対人的な場面では、その納得のいかなさを表現できない。対人的に表現するのではなく、心の内へ向かって表現しているから消耗するだけで、平静さはいつになっても得られない。

「みんなに好かれたい」という願望を手放す

敏感性性格者にはごく少量の強力性の特徴があり、それが無力性性格の中核を刺激するとクレッチマーはいう。トゲのように強力性性格が無力性性格に刺さっている。このトゲのように刺さっている強力性性格のゆえに、不満が高まるのである。それゆえに納得がいかないのである。

純粋に無力性性格であるならば、「あいつの昇格はおかしい」とか、「自分を昇格させないのは上司がおかしい」とかいうことで、相手を攻撃しない。純粋に強力性性格であるならば、それははっきりと発言できるし、発言してどうしようもなければ、それはそれとして、いつまでもその不満を意識の中心に置いておかない。

ところが敏感性性格者は、少量の強力性性格がトゲのように刺さっているから、相手を攻撃する姿勢はある。しかし無力性ゆえに攻撃できない。そして少量の強力性性格ゆえに、それをそのままにしておくこともできない。すべて中途半端なのである。

アメリカの心理学者、デヴィッド・シーベリーが人間の心理的健康にとって中途半端なことはよくないといっているが、まさに敏感性性格者は中途半端なのである。

純粋に無力性の人というのは、「あの極度に心情がやわらかで、意志が強く、防ぐすべもないような人たち」（クレッチマー）である。もちろん無力性の人々は悲しむ。しかし、悲しむが、クレッチマーのいうところの抑留というのがない。たとえば激しい出世欲がないから、自分の出世した場面を心の中で描いて、白昼夢の中で消耗するということもない。

自分の敏感性性格について悩んでいる人は、他人の自分に対する態度についてもう一度考えてみることである。自分は周囲の人に対してひかえめな態度をとっている。

では自分がいま腹を立てている人は、自分に対してひかえめな態度をとっているだろうか。

なぜ相手は自分に対してひかえめでないのに、自分は相手に対してひかえめでなければならないのだろうか。なぜ自分は相手の態度に対してこんなに我慢しなければならないのに、相手は自分の態度に我慢しなくていいのであろうか。

相手にとって自分は都合のいい人間なのに、自分は相手のことをこんなに我慢しなければならない、そんな理由はどこにあるのだろうか。自分が相手に対していしている

そしてそれだけ我慢したからといって、それでどうしたのだろう、なにかあったであろうか。たしかに「人のいい人間」という評価は得たかもしれないが、皆に軽く見られているだけの話ではないだろうか。

我慢するだけで、くやしい気持ちを味わいつつ人生はどんどん過ぎていっているのではなかろうか。そのうちなにかあるだろうという気がしながら、なにもなく人生はどんどん過ぎていく。我慢というより、不満を表現できないまま過ぎていくといったほうがいいかもしれない。

相手に許されていることは、自分にも許されていいのではないだろうか。自分に許されないことは、相手にも許されないと考えていいのではないか。相手は利己的であってもいいが、自分は利己的であってはいけないなどということはない。

「ズルい人」「悪意のある人」の見分け方

純粋に強力型の人間とはまさに健康な人間である、とクレッチマーは述べている。「持続的な行動力とたくましい感動表現形態をもち、明朗で小事にこだわらず、また周囲にかまわず我が道を行き、阻害に出会うと激しく湧立って戦うが、それに打ち勝てない場合には、健康な自意識をもってそのままにしておく」（『新敏感関係妄想』）

これはまことに健康である。ただ私は、このクレッチマーの強力型の人間を二つに分けて考えなければいけないと思っている。情緒的に未成熟な強力型の人間と、情緒的に成熟した強力型の人間である。

ひかえめな人間にとってかなわないのが、情緒的に未成熟な強力型の人間である。強力型なのであるが、利己主義で自分本位な人間というのは、ひかえめな人間にとってはたまらない。このタイプは相手の立場を考えないで、自分を一方的に主張する。その主張の仕方が強力なのである。

ひかえめな人間にとってさらに耐えがたいのは、クレッチマーのいう発揚性性格者である。発揚性性格者というのは利己主義者のことである。そして三つの能力についていえば、印象能力も保持能力も強いが、伝導能力は部分的に阻害されている。

発揚性性格者も傷つきやすい敏感さをもっているが、部分的に表現できる。私はそれが利己主義的傾向だろうと思う。敏感性性格者が無力性に強力性のトゲが刺さっているとすれば、発揚性性格者は強力性に無力性のトゲが刺さっているとクレッチマーはいう。

失恋したとき、相手をうらんでいやがらせをする人としない人といる。発揚性性格者というのは、しつこくいやがらせをするほうであろう。テレフォン人生相談などにもよくこのタイプの女性から電話がかかる。

大人の恋だといって恋をはじめ、うまくいかなくなりだすと、相手をうらんでいやがらせをしないと気がすまない。ひどい人になると、相手の家のまわりでビラをまくなどという人もいる。

レストランに入ってウエイトレスの態度に傷ついて、そのレストランの前でビラをまいたり、早朝に行って戸にベタベタはり紙をしたりという女性もいる。刺激されやすい神経質者なのであるが、敏感性性格者と違って、悪意に満ちた陰謀などによって発散しようとする。

神経質で傷つきやすいということまでは敏感性性格と発揚性性格は同じであるが、その傷ついた感情の処理の方向が逆である。株で損をした主婦で、証券会社の人の自宅に毎夜電話しつづけるなどというタイプは、発揚性性格のほうである。

ひかえめな人間にとって、この発揚性性格の人なども耐えられない。基本は強力性なのである。それで傷つきやすい。しかも利己主義で、利己主義という点ではたくましい。刺激されやすくてエネルギッシュなのであるから、すぐに怒って相手を犠牲にすることなどなんでもない。

同じ利己主義者でも、自分の利己的部分を恥じている人もいるが、このタイプは平然と利己的な行動をとる。おずおずビクビクして他人に迎合するような弱さはない。無力性がトゲのように刺さっているからといって、純粋に無力型の人がもっているやさしさや感情のこまやかさがない。

要するに、利己的でずるくてたくましいのである。気の弱い人間やひかえめな人間を踏み台にして自分の利益を求めていき、しかもそういうように他人を踏み台にしたということでは決して傷つかない。

この発揚性性格者の傷つきやすさとは、他人の心の痛みがわかるがゆえに傷つきやすいのではない。自分の名誉心などが傷つくという意味で傷つきやすいのである。

こういう人間にとってつきあいやすいのが、ひかえめで内気な人間である。発揚性性格的な者というのは、相手を利用できるかぎりにおいてはよく相手とつきあう。

自分は敏感性性格だと思う人は、できればこの発揚型の人とはコミットしていかないことである。こんなタイプの人間とつきあい、称賛されることで自分の孤独をいやそうとしてはいけない。このタイプの人間とコミットしても、決して愛情飢餓感は本質的にいやされるものではない。

できることならこのタイプの人間と関係のない世界で生きることだし、それが無理なら心理的に別の世界で生きることである。大切なことは、「かかわらない」ということである。

ところが愛情飢餓感のある人は、ついついかかわってしまう。そしてよりいっそう傷つき、よりいっそう不快な体験に苦しめられ、心の葛藤の重荷はよりいっそう重くなる。

自分が敏感性性格だと思う人は、自分の中の愛情飢餓感のとりあつかいにいつも注意しているべきである。その飢餓感ゆえに、ふっとそうしたたくましい利己的人間にすりよっていってしまうからである。

本当に大切な人は誰か？

相手を見る。しかし相手を見られない人がいる。自分から外に関心を向けられない。なぜ向けられないのか。それはいつも自分に執着しているからである。

防衛的性格の特徴は相手を見ていない。だからだまされる。だからくやしい思いをする。

心の能力とは相手を見ること。相手を観察することである。相手がなにかよいことをいってくる。そのときにそのニンジンは本物か偽物かを見る。そして、自分が走ってても手に入らないものか、それとも手に入るものかを見る。それを見きわめていくと案外その人と別れられる。自分と相手とどれくらい違うか。相手は無意識の領域がどのくらい大きいか。それを見きわめる。

自分は敏感性性格だから、敏感性性格でない人になりたいという人は多い。「なりたい自分」になるには、はじめは、なりたいことを一つに絞る。「あれもこれも」はやめる。

相手を見るときにもう一つある。

悩んでいる人は、相手を見ていない。失敗した自分を評価している人自身がどういう人かを、つまり相手を見ていない。

こちらを評価している人は否定的な人で、自分のメンツだけを考えている人かもしれないし、自信がなくて、人をけなすことで自分の偽りのプライドを維持している人かもしれない。そういう卑《いや》しい人に、なぜおびえるのだろう。

また、人にはいろいろな人がいる——。そのことを理解することで、自分の人生をどう考えるかという視点を広げることができる。

「自己実現者は、他のどんな大人よりも深遠な対人関係をもっている[14]」とマズローは述べている。

　そして自己実現者は、誰にでもいい顔をする八方美人とは異なり、自分にとって大切な人は誰かということを知っている。その少数の人と深く結びついている。

「自己実現者は以上のように特に深い結びつきをどちらかというと少数の人々ともつということがいえる。友人の範囲はかなり狭い(15)」

3章

あなたはもっと「自分」を出していい

——〝ネガティブ〟を引きずらない方法

1

「失敗はみんな公平にやってくる」と心得る

先に述べた「伝導能力」についてもっと詳しく見ていくことにする。人間はある体験をし、ある印象を得る。悲しんだり喜んだりする。それらの体験にともなって、心の内部ではいろいろな感情活動が行なわれる。

しかし人間は、生きている以上次々にいろいろな体験をするわけであるから、それにともなう新しい感情活動が、前の感情活動をおしのけて心の中に入ってくる。

それによってその体験を中心にして集まった感情活動も放電される。このように体験をなんらかの方法で放電する能力を、クレッチマーは「伝導能力」と呼んでいる。

体験によって心の内部に高まった緊張は、このような伝導能力の働きで平静にもどる。「性格のもつこのような、平静をもたらす体験適応作用は、純粋に精神的内部に、つまり持ち合わせの全表象間の自由かつ多面的な観念連合によっても行なわれうるし、外部に向かった行為、たとえば簡単な打ち明け話、感動爆発、意志行為などによっても行なわれることもある」(『新敏感関係妄想』)

この伝導能力の欠如は、いろいろな問題をおこす。こだわるというのもそうであろう。

一度なにかに失敗すると、その失敗にこだわってしまう人がいる。同じ失敗をしても、ある人はその失敗にこだわり、同じ状況に出会うとまた失敗するのではないかと不安な緊張に襲われ、その不安ゆえにまた同じ失敗をくり返す。

ところが別の人は、自分のした失敗をケロリと忘れ、次に同じ状況に出会っても不安にならず、今度はうまく乗り越えてしまうということがある。

この違いがまさに伝導能力の違いなのであろう。不安から同じ失敗をくり返してしまう人というのは、一度した失敗にともなう感情体験を発散することができない人である。そういう人は、その失敗によって普通の人以上に深く傷ついてしまう敏感さをもっている。ああしまった、失敗してしまった、うまくいかなかった、どうしよう、どうしよう、この失敗で皆は自分のことをどう思うだろう、この失敗であの人は自分のことをだめな人間と思うのではないか等々、思いめぐらし、悩みぬいてしまうのである。

その失敗について、相手は自分ほど強く印象づけられてはいない。その失敗に関係した人は、その本人ほど強く印象づけられてはいないのに、本人は皆も自分と同じようにその失敗に強く印象づけられたと錯覚する。

それだけにその人は、自分についての悪い印象を回復しようとあせる。その機会がくると悪い印象を回復しようとあせるから、また失敗をしてしまう。

赤面恐怖症の人がいる。赤面する自分を恥じる。普通の人は赤面しても、そのことをそんなに恥じないであろう。だいたい、まったく赤面しない人などというのは、かわいげがない。

ところが赤面恐怖症の人というのは、その赤面する自分をふがいないと思う。赤面恐怖症に限らず、神経症気味の人というのは、誰だってするような失敗をして、その失敗を恥じる。そのような失敗をする自分をふがいないと感じる。

神経症気味の人のほうが普通の人より失敗が多いというわけではない。失敗するのは同じように失敗しているのである。ただ同じ失敗によっても受ける心理的打撃がまったく違う。それだけ強い打撃を受けながらも、その感情を発散する伝導能力が欠如している。そのような人がいろいろと心理的問題をおこす人なのである。

クレッチマーは、このような性格上の欠陥を背負っているのが臆病、ひかえめ、内気などと呼ばれている人であるという。しかしこれらの人は、正常範囲内の人であろう。問題は強い感情体験をもちながら、その発散を妨げられて神経症などになる人である。

溜めこむか、発散できるか

一度赤面すると、そのときの感情が発散されずに、その人の心の中に残ってしまう。それが「抑留」である。私はよく白昼夢にひたる人などというのは、このような抑留に苦しんでいる人であろうと思う。

深刻な感情体験にもかかわらず、乏しい伝導能力によって、その感情が抑留されてしまう。それをなんとか放電しようとしているのが白昼夢ではなかろうか。自閉的傾向の人の心内コミュニケーションというのも、似たようなものではなかろうか。

ひとりで心の中で話していて、現実の相手との対話がなかなか成長しない。しかし白昼夢といい、心内コミュニケーションといい、なかなか活発な感情生活を発散して心を平静な状態にすることはできない。

ところで病的な例は別にして、普通の人でも放電能力のある人と、放電能力のない人とがいる。不愉快なとき、それを表面に出してそのあとケロッとしている人と、それを顔には出さないが、心の中では顔に出す人より不愉快に感じたり、傷ついたりしている人がいる。

伝導能力の欠如とか抑留という表現を使うと病的な感じがするが、ここでは妄想患者のような例ではなく、普通の人の例で考えてみたい。

いったいどのような人が伝導能力をもち、どのような人が伝導能力をもっていないのであろうか。私は伝導能力がないという人は、失う不安をもっている人だと思う。

いま自分が得ている好意を失いたくないとか、いまの自分が得ている評価を失いたくないとか、あるいはいま仮にも表面上だけでも得ている心理的安定感を失いたくないとか、とにかく失いたくないものをもち、しかも失う可能性とその恐怖をもっている人は、どうしても伝導能力が欠如してくるような気がする。

もっと単純に考えてみよう。恋人と話している。相手にカッとするようなことをいわれたとする。あるいは、こちらが傷つくようなことをいわれたとする。

そのとき、カッと怒ったり、どなったり、ときには顔を軽くでもひっぱたいたりする人がいる。原始性性格のような人は別にして、ごく普通の人でそのようなことをする人は、恋人に捨てられる心配をしていない人であろう。そしてたいていそのあとはケロッとしているのではなかろうか。

もし恋人に悪く思われるのではないかとか、こうしたら恋人は自分のことをどう思うであろうかとか、恋人に見捨てられる不安をもっていたら、多少カッとしてもじっと我慢をしてしまうだろう。多少不愉快なことがあっても、くやしさをこらえて笑顔でいるだろう。

しかし傷ついてじっと我慢して笑顔でいたら、心の中は不安で尖鋭化した緊張で平静を保てないであろう。心の中は過度に緊張しても、それを外に出したら相手に悪く思われるのではないかと恐れている。となれば、緊張をやわらげる方法を失ってしまう。

普通の人の心的放散能力というものは、自分に対する自信によって決まる。この場合ならば相手が自分を見捨てない自信、それによって自分を悪く思わない自信、それによって相手が自分を嫌いにならない自信である。

嫌われるのが怖い以上、対人関係で心的放散能力の欠如はまぬがれないであろう。人間関係はお互いにケンカしながら深まっていくというようなケースにあっては、双方ともに心的放散能力をもっていることになる。恋愛にしろ、友情にしろ、このようなケースはお互いに離れがたいであろう。

相手が自分の「こうした傾向」は嫌いだと承知しつつ、自分のそうした傾向を表現できるような関係にあっては、お互いに心の中にやわらげがたい過度の緊張をもつことはないであろう。

「嫌われる」「軽蔑される」は大きな誤解

繊細で傷つきやすいにもかかわらず、心的放散能力をもっていない人は悲劇である。しかし一般に、甘えの欲求の満たされていない人は皆、こうなのではなかろうか。つまり、甘えの欲求が強ければどうしても傷つきやすい。

そして甘えの欲求があればこそ、他人の好意を得たいし、得ていれば引きつづきそれを維持したい。

自分を殺さなければつきあえないなら、つきあわなくてもいい。そう感じることができなければ、心的放散能力が充分にそなわっているとはいえないであろう。

愛情飢餓感の強い人は、どうしても対人関係で心的放散能力に欠けてしまう。自分を殺してつきあっても、得るものが大きいからである。失うものも、もちろんある。しかしそれ以上に、愛情飢餓感をいやしてくれるというプラスは大きい。

対人関係で心的放散能力に欠ける人は、いくつか誤解している。まず第一は、ケンカしたら別れることになる、ケンカしたら嫌われる。次に、話題を合わせていないと嫌われる。第三に、高尚な人間でなければ軽蔑されて捨てられる。

とにかく対人関係でいろいろな誤解があるから、対人的に感じたことをいつも抑えてつきあっていなければならない。

たとえば、自分に関心のない話題を相手が出してきたとする。あまり親しくなければ、礼儀として話を合わせていることも大切であろう。しかしまったくの私的な関係で親しくなれば、自分がなにに関心があり、なにに関心がないかをはっきりさせることは失礼ではない。

親しい間柄の人に対して、関心のない話題を関心があるようによそおって聞いていることのほうが、よほど失礼である。

「そんなこと俺、関心ないよ」とか、「いま私、そのこと話したくないわ」といったとて、べつに二人の親密な関係にひびが入るわけではない。二人の関心がまったく同じでなければつきあえないなどというものではない。相手には関心がなくても、自分には興味のあることもあれば、その逆のこともある。それでいながら関係が続くのが親しい友人であり、また長続きする恋であろう。

親しくなれば、「またその話かよ、俺はもう嫌だよ」といったからといって、「俺はおまえが嫌いだから別れたい」という意味ではない。またそのような意味に相手がとらないという信頼感があるから、そのようにいえるのであろう。

またそのようなことを平気でいえるのは、別のところで相手をほんとうに好きだからであり、相手もそのことをわかっているという信頼関係があるからである。

友人同士でなく恋人同士だって、「その話もういやだよ」とか、「何度もいうように、その話はしたくないんだよ」といったとて、その恋が壊れるわけではない。それは

「その話題」がいやだといっているだけであって、「あなたが嫌いだ」といっているのではない。あなたは好きだけれど、その話題はいやだといっているだけである。

言外のところまでうまくコミュニケーションできている人たちは、対人関係において心的に強度の緊張をすることもない。そのようにはっきりいう人のほうが、心の底ではわがままでないということはよくある。

じっと黙っていて、繊細で傷つきやすい人のほうがかえって心の底では我意が強く、わがままであることも多い。ひかえめで自分の中にひきこもりがちだということと、わがままでない、我執が強くないということは必ずしも一致しない。

「もういやだよ、そんな話題」と親しい仲間にいう人のほうが、かえって心の底ではわがままではなく、我執性から解放されている。その人は決してひかえめではないかもしれないが、相手に対する思いやりをもっていたりするものである。

ひとくちにいうと、対人関係で心的放散能力のない人は、相手との関係に自信がないのかもしれない。あるいは自分の生き方に自信がないのかもしれない。自分はこんな人間で、こうやって生きていくのだ。もしそれでつきあえなければ、それは残念なことだけれど仕方のないことだ、と思いきれていないのである。

「私は自分を裏切ってまであなたとつきあうつもりはありません」というように感じられるかどうかということである。

先にも書いたとおり、愛情飢餓感の強い人は、そのように感じることはできない。そう感じることができないゆえに、いままで書いてきたようにいろいろと誤解をする。

「高尚・低俗」のモノサシなどない

ところで先にあげた第三の誤解であるが、高尚な人間でなければ軽蔑され、捨てられるという感じ方は、おそらく我執の強い神経症的自尊心の高い親などに口うるさく干渉されながら育った人のものであろう。

人間は高尚か低俗かということだけで親しまれたり、捨てられたりということはない。高尚なほうがいいに決まっているが、人間にはそうなりきれないところもある。高尚な人間になろうと努力することはよいが、高尚な人間でなければ軽蔑される、捨てられると思うのは間違いである。

俗人といわれる普通の人は、高尚な面もあれば低俗な面もある。いわゆる普通の人には全部高尚という人も少ないし、全部低俗な人というのも少ない。高尚な自分がほんとうの自分でもなければ、低俗な自分がほんとうの自分でもない。高尚な面と低俗な面と両方もっているのが実際の自分であろう。そして、それを自分に許すことが大切なのである。

時と場所と雰囲気と気分とによって、自分がえらく高尚になることもあれば、逆のこともある。ところが相手が必ずしも自分と同じように高尚と低俗の波をもっているとは限らない。

ときに親しい相手であっても、高尚な話についていけない気分のときがある。そんなとき、はっきりとそれをいったからといって、べつに関係が壊れるわけでもない。単に私はいま、そんな高尚なことを話す雰囲気ではないと述べているだけである。そのテーマにもともと興味がないのではなく、興味があるけれどいまはそんな気分ではないといっているだけである。

これも先に話したのと同じことである。私はあなたを好きだけれど、いまはそんな高尚なテーマを話す気分にはなれませんといっているのである。

ひかえめで傷つきやすく、それでいながら心の底でわがままな人というのは、人間の多面性を理解し、受け入れていないのではなかろうか。一つのことで、すぐにその人は決めこむと思いこんでいるふしがある。そして無理して高尚な話をしたからといって、相手にそのことで気に入られるというわけでもない。

繊細で傷つきやすく、わがままな人というのは、無益な努力が多すぎるのである。伝導能力がないということは、重大なことである。

またそのような無益な努力は、いくつもの誤解にもとづいているのである。そのような人は低俗な話をすると、低俗な人と思われると信じている。小心な倫理性というか、柔軟さを欠いた倫理性というか、自由でない倫理性というか、そのような倫理性をもっているのが、いま述べているようなタイプの人である。感じやすく傷つきやすく、内気で倫理的で、我執の強い人である。

自由な人というのは、相手が少しぐらい低俗なことを話したり、高尚な話題を拒否したからといって、相手を低俗な人とは決めこまない。

「楽しいふり」「いい人のふり」をやめる

敏感性性格の一つの特徴として、小心な倫理性というのがあるとクレッチマーはいう。これが誤解をうむ原因でもある。倫理的でなければ軽蔑されるという誤解が、その人を過度に倫理的にする。

したがって、こんな話をしたら軽蔑される、こんな話を拒否したら軽蔑される、こんな話に熱中しないと軽蔑される、こんな話をおもしろそうにしたら軽蔑される、と誤解する。小心な過度の倫理性の裏には自己蔑視がある。

心理学者ローゼンベルグのいう低い自己評価の特徴の一つとして、「ふり」をするというのがあるが、敏感性性格的な人も、実際以上に倫理的な「ふり」をしているのであろう。そしてその「ふり」に自分も気がついていない。

したがって、他人といてほんとうにリラックスして楽しいということがない。いやなことはいや、好きなことは好きといってもいい関係の中で、気をつかう必要のない気楽さがあるのだが、そういう関係を他人との間になかなかもてない。

実際の自分を表現しても充分に自分は相手にとって意味のある存在であるという感じ方ができるとき、対人的関係において心的放散能力を充分にもつのではなかろうか。そしてそれが高い自己評価ということであろう。そしてまた、それが親密な間柄ということではなかろうか。

相手の期待にそえなくても、自分は相手にとって意味のある存在だと感じられるとき、相手と心から親しくなれたということではなかろうか。

人間関係における期待など、具体的にはいくらでもある。ここでこういってもらいたい、ここでこう振る舞ってもらいたいからはじまって、数限りなくある。しかし親しくなれば、その一つひとつはかなわなくても、意に介さないでいられるということである。

子どもの心を病ませる親の期待というのは、こういうものではない。成績がよくあってほしい、地域社会で評判のよい子であってほしいという期待があると、その期待にかなうかぎり、子どもをかわいがるということである。自分のいうことに従うかぎり、子どもをかわいがるという親が、表面立派な親のように見えて、じつは問題のある親である。

親密な人間関係というのは、このような関係ではない。相手の自分に対する期待はわかっている。わかっているけれど、その期待に自分はそえない。そして相手の期待にそえないけれど、そのことはあまり気にならない。

アメリカの心理学者、シーベリーの言葉に、「白鳥によい声で鳴くことを期待するのは、期待するほうが間違っている」というのがある。美しい声を期待するなら小夜《さよ》鳴鳥《なきどり》に期待しろというのである。私もこのとおりだと思い、講演のときなど、ときどきこのシーベリーの言葉を引用させてもらうことがある。

ただ親密な間柄では、このような期待そのものが問題にならないのである。白鳥は相手が自分に美しい声で鳴くことを期待しているとは知っている。しかし自分は白鳥であって小夜鳴鳥（ナイチンゲール）ではない。自分は白鳥として振る舞えばいいのだし、小夜鳴鳥のふりをする必要はない。

そして自分が小夜鳴鳥のふりをしなくても、自分は相手にとって意味のある存在だと感じている。それが親しい関係であろう。なにからなにまで相手の期待どおりでなければ相手にとって意味がないと思うのは、自己蔑視の結果以外の何物でもない。

そもそも相手だって自分にとってそんな存在ではない。それにもかかわらず、相手は自分にとって意味のある存在ではないか。自己蔑視してしまうと、相手と自分とが同じ人間の権利をもっているということを忘れてしまう。

自己蔑視とは、なにか特別にすばらしいところがなければ、自分は他人にとって愛するに値しない人間であるという感じ方である。特別に美人でなければ愛されない、特別に能力がなければ愛されない、特別にお金がなければ愛されない、特別にセクシーでなければ愛されない、そのように感じている人は、心の奥深くに根強い自己蔑視のある人である。

おそらく小さい頃、自分は特別にすぐれていなければ愛されないという不幸な親子関係の体験があるのだろう。たとえば常に他人と比較されて育ったりするということである。親の愛を得ようと、特別に従順に振る舞ったりするようになる。

ことさら従順に振る舞えば、支配欲、所有欲の強い親のお気に入りになれる。そして子どもの側は特別に従順に振る舞うことで、特別に従順に振る舞わなければ自分は愛されないという感じ方を強めてしまう。

その結果、他人の期待に反することのできない大人になっていってしまうのである。親しい人の誘いを断わったって、相手は自分への親しみの感情をなくすわけではない。しかし自己蔑視した人は、誘いを断わると、相手は自分への好意をなくしてしまうのではないかと恐れる。自分が相手の期待にそえないということと、自分が相手にとって愛するに値しない人間であるということは、まったく別のことである。

2

「心に刺さったトゲ」はこう手当てする

職場の人間関係などでも、伝導能力のある人とない人とでは、いったんこじれたりすると尾のひき方が違う。また人間関係をうまくやっていけるかどうかも全然違ってくる。

職場で同僚なり、上司なりが自分にとっておもしろくない発言をしたとする。自分の利益に反する態度をとる。今度は自分がその仕事を任せてもらえると思っていたら、上司は同僚のほうにその仕事を任せてしまった。

そんなとき、敏感性性格者は深く傷つく。普通の人よりはるかに深く傷つく。彼は普通の人よりはるかに感じやすく傷つきやすい。

「その仕事は私に任せてほしい」こんなひとことは決していえない。同僚のほうは、

「これは私がやります」と平気でいえる。そういわれると、もう反論できない。「でも、私の順番だから……」というかもしれない。しかし「こんなのに順番なんてないよ」といわれれば、もう黙ってしまう。黙ってしまうけれど、このひとことで普通の人以上に傷ついているのである。そして普通の人より、はるかにくやしいと感じているのである。上司は、この敏感性性格者のくやしさを理解できない。

それだけに繊細な神経の持ち主である敏感性性格者は無念である。「なんで俺だけこんな損をするのだ」とくやし涙をひとりで流す。もし彼がこの不愉快な気持ちを、友だちと飲んで騒いで晴らせればいい。しかし彼にはそれができない。

その夜、仲間をさそって飲みにいき、上司の悪口、同僚の悪口をいえれば、少しは気持ちもすっきりするかもしれない。しかし敏感性性格者は、普通の人のように悪口をいうことがなかなかむずかしい。

そして仮りに普通の人のように悪口をいえたとしても、それでも普通の人のように気分がすっきりするわけではない。なぜなら傷つき方が普通の人より深いからである。もともと感受性が強いのである。

上司や対立した同僚のひとことが、侮辱されたという意識をもって心の中に焼きつくと、なかなかその傷はいえない。その話しあいの場での体験は、ちょっとやそっとのことで発散されるものではない。

それが印象能力が高く、保持能力も高いということである。

怨念という言葉があるが、このイメージはやはり敏感性性格者の無念の気持ちをあらわしているのではなかろうか。

伝導能力がないということは、飲んで上司や同僚の悪口をいえないということである。しかし「この野郎」という気持ちはある。「なぐり殺してやりたい」という気持ちはある。

伝導能力がないということは、心の中の攻撃性を表現できないということでもある。表現できないということと、心の中にそれがないということとはまったく異なる。「ぶんなぐってやりたい」「なぐり殺してやりたい」という攻撃性はあるのだけれど、表立って悪口ひとついえないというのが、伝導能力がないにもかかわらず、印象能力が高いということである。

「なぐり殺してやりたい」「この気持ちを思い知らせてやりたい」という攻撃性をもちながら、誰にもいえず内にこもってしまうのである。

誰にもいえないまま、くやしくて夜ひとりで寝床の中でうらみの鬼のようになっている。その憎しみの炎でひとり眠れずにもんもんとする。どうしても眠れない。

そのくせ翌日会社にいけば、ついついいい顔をしてしまう。心の中は憎しみの鬼と化していながら、顔だけは聖人君子の顔なのである。passive aggressive（パッシブ・アグレッシブ＝受動的攻撃性）という言葉どおりなのである。

攻撃的であるのだけれど、受け身の姿勢がくずせない。恨めしくなって化けて出るような人は、基本は受け身である。しかし受け身になりきれない。

必ず「恨めしや」といって出てくる日本の幽霊こそは、敏感性性格者の無念の気持ちを表現しているのではなかろうか。受け身の人間になりきっていれば、憎しみをもち、その憎しみの対象に報復をはたせなかったうらみなどもつものではない。「恨めしや」といって出る日本のあのお化けの姿こそ、敏感性性格者の気質を表現している。

あのお化けの両腕である。攻撃性を思いきり表現して、のびのびとしているわけではない。腕のひじのところまでは体につくようにして、両手だけは攻撃性を表現して外に向いている。萎縮した攻撃性である。たいてい口や片方の目から血が流れて、髪はぼうぼうに長い。まさに深く傷ついている姿である。内部には憎しみが活発に働きつつ、伝導能力を欠いてその憎しみが保持されている。クレッチマーが抑留という言葉で表現したものである。

体験を受けとり、保持し、加工し、片づけるということができない。体験を受けとり、保持するところまでで、片づけることができない。それこそが、憎しみをもちつつ報復をはたせないでいる、うらみのお化けの姿なのではなかろうか。

われわれ日本人がよく義経をはじめとして悲劇の英雄のほうに一体化していくのは、この自分の心の中の遺恨ゆえではなかろうか。

いずれにしても日本のお化けは、敏感性性格の一面をよくあらわしている。

ネガティブな感情を伝える努力

クレッチマーは敏感性性格について、じつにみごとな表現をしている。つまり基本的には無力性なのであるが、それに少量の強力性がまじっていて、その少量の強力性が無力性性格の中核を刺激するというのである。

日本人がよくいう、「あいつは執念深い」などという性格は、これではなかろうか。強力性の人間であれば、どんな人とも対立し、争える。そしてその闘いをする中で、たとえ負けてもさっぱりとしていられる。

執念深い人間というのは、人間関係を含めて人生のさまざまな闘いを果敢に闘うにはあまりにも弱い。だからといって、憎むことも怒ることもないほど弱くはない。そのように、純粋に無力型の人間ではない。

まさにごく少量まじっている強力性の特徴が、無力性性格の中核を刺激しているのではなかろうか。正面から果敢に闘えれば、いつまでも怨念をもっていることもない。正面から果敢に闘えないからといって、では流れにさからわず、人々の意志に身を任せられるかといえば、それほど受け身にはなれない。

受動的に流れに身を任せることもできないくせに、正面から自分の利益を守るために主張し、闘えない。そこでいつも自分の利益は害される。

そこで「私はいつも損している」といううらみをもつにいたる。表面的にははなやかに闘わないが、内面の闘いはすさまじい。

周囲の人はこの人たちの内的葛藤のすさまじさに気づいていない。ことに強力性性格の人間は、この内的葛藤に気づかない。なぜなら、そんなにくやしいなら、どうしてあのときもっとはっきりと主張しなかったのか、という疑問をもつからである。ここらへんの受けとり方の問題が、じつは社会のさまざまな人間関係のトラブルの中核にあるのである。会社内での人間関係のトラブルなども、この点の認識を欠いたところでおきているものが多い。

繊細な敏感性性格者としては精いっぱい主張したつもりになっている。しかし声が小さい。心の底からの願いを必死になって訴えたつもりになっても、強力性性格の人間などから見れば、一つも必死になっていないように見える。

とても「あんな言い方」が心の底からの願いであったとは、強力性性格の人間には感じられない。そこで敏感性性格者からすれば、「いつも自分は踏みにじられている」という気持ちになる。

周囲の人は敏感性性格者の心の願いをたいてい理解していない。敏感性性格者としては、理解してもらうための努力をしたつもりになっているが、周囲の人からすれば「気がつかなかった」ということになる。

周囲の人はたいていい善良でやさしい人と思っている。たしかに彼は善良でやさしく従順である。他人に同情し、他人のために働き、他人の不幸を慰める。

しかしそれだけであれば、無力性性格の人としてそれほど問題はない。ところがそのように内気で従順でやさしいにもかかわらず、心の核を刺激する強力性をもっている。この二つの内的葛藤がすさまじい。

したがって周囲の人は、「その事件」をとっくに忘れてしまっても、彼はいつまでもおぼえている。執念深さは、その厳しい内的葛藤をあらわしている。

しかし、それを外にあらわせない。外にあらわすことで内的緊張をやわらげることができない。「やっぱり俺にはあの決定はおもしろくない」と、社内で仲間うちで親戚の集まりでいいだせない。

決して納得していないのに、納得した顔をしてしまう。そこが無力性の弱さなのである。しかし純粋に無力性の人間のように、仕方ないとその決定に身を任せてしまうこともできない。くやしさは残る。

声を荒らげて主張する人に対して、さらに大声で立ちむかえないのに、納得もできない。傷つきやすく、しかもその傷をいやすこともできないので、ひとり内的にもんもんとする。

夜中など、ひとり目をさまして、じっとそのことを反芻《はんすう》して、くやしがる。何度も何度も同じことを心の中で主張してくやしがる。しかし面と向かって相手にぶつけないので、いつまでも内的緊張はやわらがない。

おかしな言い方であるが、強力性性格者の中の強力性は発散されるが、無力性性格者の中の強力性は発散されない。だからこそ、不快な印象には長く長くつきまとわれるのである。

3

自分がわかれば、相手もわかる

皆が自分の心の中の願いや怒りを理解してくれるのを黙って待っている人は、あまりにも甘えている。また自分を知らせる努力をしないで、誰も自分をわかってくれないと不満になる人も、大人としてはあまりにも甘えている。

何度もいうように、私はここで精神病質性性格を論じているわけではない。クレッチマーから名前や概念を借りてきてはいるけれど、同じレベルで論じているわけではなく、あくまでも普通のビジネスマン、主婦、学生がどう人間関係をうまくやっていくかという点から論じているのである。

精神病質性性格としての敏感性、発揚性を考えることの中で、普通の生活を反省するということである。普通の生活を見ていく視点として、精神病質性性格を選んでいいるというにすぎない。

したがってこの本は、敏感性性格というのはそもそも自分を他人にわかってもらうような努力をあまりできない性格をいうのではないか、というような心理的定義を論じるための本ではない。

とにかく自分は敏感性性格的だと思った人は、周囲の人に自分を理解してもらうために積極的に自分の心のうちを説明する努力をおこたってはならない。

自分の殻からぬけだす努力をすることである。また自分が気にしているほど深い意味があって他人は自分のことを非難したりしているのではない、ということも知っておくことが大切である。

自分を理解してもらうように努力し、自分を理解してくれと頼むことは、決して失礼なことではない。ひかえめで内気な人は、そのようなことを頼むのは不作法なことと思いがちである。

他人が自分を理解してくれるのをただ待っている敏感性性格的な人は、どうしても他人に主導権をわたしてしまう。自分についてのことなのに、他人に主導権をわたしてしまう。交流分析的にいえば、いつまでも犠牲者の立場から脱却できない。

自分の性格、感じ方、考え方を他人に理解してもらうように努力し、説明していくことがどうして失礼にあたるのであろうか。あなたは礼儀正しいというより、臆病といったほうがいいかもしれない。

待っているだけではどうにもならない。待っているのではなく、しかけるぐらいの気持ちが必要なのであろう。

待っていて理解が得られないと、その周囲の無理解に順応しようとする。だからいつも苦痛を耐え忍んでいなければならなくなるのである。

あなたが上品とか、礼儀とか、優雅とか考えていることは、もしかすると弱さの別のかたちかもしれない。弱さが上品という仮面をつけて登場しているだけかもしれない。

それに理解してもらおうと努力して理解されるより、黙っていて理解されるほうが価値があるという考え方をしているのかもしれない。それもおかしい。その考え方はまさに甘えた考え方である。

黙っていて与えられたものより、求めて得たもののほうが価値があるかもしれない。大人の世界でただじっと理解されるのを待っていても、それは無理である。ことに敏感性性格者の周囲には、利己主義者が好んで集まる傾向があるのだから。

自分が理解されないのを悲しんでいると、なにか自分が悲劇の主人公にでもなったような気になるものである。これではいよいよ自分を犠牲者に追いこんでいくだけである。

求めて得たものの価値がわからないのは、すねているからである。素直な気持ちになれば、求めて得たものの価値がわかる。「こうしてほしい」といって、「こうして」もらったものの価値は素直になれば感じられる。

自分の内面について理解を求めることの大切さを、敏感性性格の人は忘れがちである。まず第一に大切なことは、理解を求めることであることを忘れてはならない。

健康な人は「もっとずっといいかげん」だ

さらに、世間一般の倫理に縛られる必要はない。そもそも敏感性性格の人は、もともと倫理に縛られすぎて病んでいるのである。あまりにも自分の実際の気持ちと闘いすぎて、はけ口もなく感情緊張が続き、疲れはてている。

一般的にいえば、たしかに人間には自己抑制が大切である。しかしたとえば、この倫理がきわめて重要なのは、クレッチマーのいう原始性性格のような人である。原始性性格とは、感情の保持力に欠けている衝動人のような人をイメージしてくれればよい。

原始性性格のように、口より先に手が出てしまうような人には、自己抑制の倫理をくり返し強調するのはよい。「人を見て法を説け」というのはまことにそのとおりである。

逆にいえば、どんな立派なことであっても、それは自分に適用してよいものかどうかを正しく判断する必要があろう。相手が自分になにか教えよう、お説教しようとしているとき、その相手が人を見て法を説いているかどうかということである。

おそらく敏感性性格の人は、ずいぶんおかど違いなことを人から説かれてきているのではないだろうか。自分などにまったくお説教する必要のないことをお説教され、それをまともに受けて、真面目に考え苦しんできたのではないだろうか。

世の中の人はだいたい人を見て法を説かない。一般的なことを得意になってしゃべる。ことに親が人を見て法を説かないタイプのときには、敏感性性格者の子どもは悲劇である。

だいたい敏感性性格者以外は、人を見て法を説かない人間の災いをあまり受けない。小心で臆病で真面目な人間が、相手のいうことをまともに受けとるからである。被影響性の高い人が、人を見て法を説かない人の災いを受けることになる。

敏感性性格の人は過去にいろいろな人から悪影響を受けすぎている。敏感性性格の人は刺激を受けやすいし、感受性が強い。つまり印象能力が高い。そしてある体験が意識の中に入ると、たびたびいうように、なかなか発散されない。つまり保持能力も高い。

こうした性格上の欠陥のために、心ない人のいった言葉でひどく人生を狂わせてしまっているのである。実際にひどい失敗をしたとか、自分にふさわしい人生でないような人生の生き方にひきずりこまれてしまったということのほかに、心理的にはさまざまな打撃を受けている。

あまりにも真面目で小心なために、あまりにもまともに人のいうことを受けとりすぎて、自分を責めすぎてきたのではないだろうか。あなたにいろいろなことをいった人は、あなたが受けとったほど真面目にいっているのではないことのほうが多いのではないだろうか。

でしゃばりな人間がひかえめな人間に、もっともらしいお説教などする必要はないのである。被影響性の高いあなたは、無思慮な言葉をまともに受けとりすぎたからこそ、逆に裏切られたという体験をもってしまったのかもしれない。

いってみれば、過敏な感受性や倫理的内面性を特徴とする敏感性性格者のあなたとくらべて、世間一般の人はもっとずっといいかげんに生きているのである。

道徳的に小心なあなたは表も裏もない。しかし世間の人には表も裏もある。表と裏を使い分けている世間の人々の中で、表と裏を使い分けない厳格な倫理性をもつあなたが生きれば、傷つくに決まっている。しかも表と裏を適当に使い分けている人たちは、まさかあなたがそんな厳格な倫理性をもっているとはまったく知らないで接しているのである。彼らもあなたを知らないし、あなたも彼らを知らない。

そのお互いの無知の中でいつもあなたは損をする立場に追いこまれてきたのである。とにかく影響を受けやすいあなたは、表と裏とを使い分けている人たちの表の言動に深刻な影響を受けすぎたのである。

そこで第二に大切なことは、他人のいうことを他人の深刻さのレベルで聞くことである。他人の無責任な発言をあまり深刻に受けとめすぎないこと。

世の中には、なんでも自分が悪いと自分を責めがちな敏感性性格的な人もいれば、なんでも他人が悪いと他人を責める発揚性性格的な人もいる。それなのに先にも述べたとおり、人を見ないで法を説く人がいる。

そこで敏感性性格者にとって第三に大切なことは、どんなことでも必ず自分にあてはまるというように考えないことである。他人の自分に対する非難は、自分が発揚性性格ならあてはまるかもしれないが、敏感性性格のときはまったくあてはまらないというときがある。

「自分のイメージ」は、こんなに当てにならない

もし発揚性性格と敏感性性格とが出会ってトラブルがおきればどうなるか、すぐにわかることである。一九七〇年前後のことである。私の書いた本がなぜかとにかく読まれて、新聞、週刊誌、テレビ、ラジオなどがそのことをとりあげ、ブームといわれた時代があった。

ブームになれば私の名前を無断で使って利用しようとする人が出てくるのは世のならいである。私のまったく知らない人が私の友人になったり、見たことも聞いたこともない団体の支持者に私がなっていたりということがあった。

その当時、ある四十人ぐらいの集会のときである。やはりある団体が、私が支持しているというビラだかパンフレットだか忘れたが、そんなものをつくった。

もちろん私はなにも聞いていないし、そんな団体があるということも知らない。まったく、なんの関係もないところであった。私は名前を利用された被害者でしかなかった。

ところがその集会で、「こうして名前を利用されるのはあなたの責任だ」といわれた。私はたしか、利用されるのは、私になにかそんな雰囲気があったり、そのように気のゆるみがあったり、また常にそのように利用されないように用心していなかったり、私が悪かったと謝った記憶がある。

私は、無断で利用されたのは、無断で利用されるような安っぽいおまえが悪いと責められ、謝りながら、誰か「そんなばかなことはない」といってくれるのを待っていた。しかし誰もいってはくれなかった。

私は発揚性性格か敏感性性格かといえば、敏感性性格であった。それだけに、なんでもかんでもとにかくすべて自分が悪いといって自分を責める人のことをわかる気がする。それだけに、周囲の人々の非難を敏感性性格の人がどんなかたちで受けとってしまい、その結果どのように抑うつ状態におちいったりするのか、またわけもなく不安になったり、あせったりするのがわかる気がする。

ひとくちにいえば、敏感性性格のあなたはそんなに自分を責めることはない。むしろ自分の弱さに、真面目という仮面をかぶせないように注意することである。

自分の弱さに真面目という仮面をかぶせて正当化しはじめると、自分の弱さをいつになっても克服できない。弱いから、他人が冗談半分、無責任にいったことを真に受けすぎるのである。

真に受けすぎるから、裏切られたの、ひどい目に遭ったのとくやしがることになる。

私は以前、共著で本を書いたことがある。締切日○月○日と出版社からいわれた。まだ二十代でもあったから、出版界にもなれていなかった。私はその締切日に原稿をまにあわせるために、一つ大きな犠牲を払った。

ところがその本はいつになっても出版されず、たしか一年近くたって出版された。

要するに、締切日を守らない人がたくさんいたということである。私はひどく裏切られた気がした。

出版社の人としては敏感性性格から原始性性格までいろいろな人を相手にしながら、原稿の締切日は○月○日としたのであろう。さばを読んでいたのである。ところが私は真に受けて、その締切日を守るためにある犠牲を払わざるを得なかった。

締切日は○月○日という編集者にだって、発揚性性格の人もいれば強力性性格の人もいる。どういう真面目さで締切日をいっているかは、その人の性格によっても異なる。要するに世の中にはいろいろな性格の人がいる。それを敏感性性格の人は皆、自分と同じ性格の人間であるかのごとき前提で行動するから、裏切られた気持ちになるのである。

人を見て法を説くばかりでなく、人を見て締切日も守らなければならないし、世の中のことはだいたい人を見て行動しなければならない。

当時の私にそのことがわかっていれば、私はかくかくしかじかの事情で締切日は守れないと編集者にいったろう。そしてそれでも他の人よりはわりあい早く原稿を出し、裏切られた気持ちもなく、その本のことはとっくに忘れていたであろう。

当時自分のことがよくわかっていれば、編集者の性格もわかっていただろうし、一緒に書く人の性格もわかっていただろう。そうすれば、この人たちはどうも締切日を守りそうもないルーズな人たちだし、編集者も真面目な顔をしながらさばを読んで著者に締切をいっているな、ということがわかったはずなのである。

自分がわかれば相手もわかる。自分の見えていない人は他人が皆同じに見える。自分の見えていない著者にとっては、心の冷たくずるい編集者も、心やさしい編集者も、同じ編集者に見えるのである。

また自分の見えていない編集者には、利己的な著者も利他的な著者も同じような著者に見えるのである。話はとぶが、八方美人の人というのは、自分が見えていないから八方美人になるのである。

だいたい自分がわかり相手がわかれば、世の中にそんなにいつも裏切ったの裏切られたのという人間関係のトラブルなどないはずである。相手が実際にどういう人間であるかも見ずに、また見ようともせず、勝手に自分が相手はこういう人間であると決めてかかって、その自分が勝手につくったイメージでつきあうから、さまざまなトラブルが生じてくるのである。

4

「あなた」と「私」の切り分け方

くやしくて、くやしくて眠れない夜がある。飲みたくない睡眠薬を飲んでもなかなか寝つけない。しつこい嫌がらせをされて気がおかしくなりそうになる。事実無根の悪口をいいふらす、どうしても許せない人がいる。何度殺しても殺し足りないくらい許せない人がいる。他のことに打ち込んで忘れようとしてもどうしても忘れられない。心がその人にとらわれてしまっている。

こうして人間関係の中でいやされない心の傷を負って人間として破滅していく人はたくさんいる。なぜいつもこうして苦しみ悩んでいる人がいるのか?

シーベリーは悩みの原因は「自分が自分自身ではなくなったからだ」という。自分自身であり得ないなら悪魔になったほうがましだともいう。

過激なことをいうと思うかもしれないが、同じ趣旨のことは他の偉人たちもいっている。

「自分自身であろうと決意することは、人間のほんとうの使命である(1)」

自分自身であろうと決意することでなにが生まれるか。「喉に刺さった魚の骨」が取れることである。それは、人からどう思われるかが怖くなくなることである。

そして安らぎから前向きに生きるエネルギーが生まれる。したがって心の傷から回復していく。年月はかかるかもしれないが、やがて心底元気になる。

自分自身であろうとくり返し決意することで、なんとか神経症をまぬがれて、ほんとうにエネルギッシュになる。憂うつになっている人が、かすかに光を見出す。

「人は幸せになるために生きているのではない。自らの運命を成就するために生きているのだ」

これは私が若い頃、ロマン・ローランの小説『ジャン・クリストフ』の中で読んだ言葉である。いまから半世紀以上も前に読んだ言葉であるが、鮮明におぼえている。

人は「自らの運命を成就する」と決意する結果として幸せになる。

幸せになることが絶対の優先事項だとすると、絶望する人は多い。幸せにはなれないから最後は自暴自棄になる。幸せになることが、絶対の優先事項だと、どうしても「これがほしい、あれがほしい」という「求める心」だけになってしまう。

人生における絶対の優先事項は「自分自身になること」である。自分自身である人が求めるものと、自分自身でない人が求めるものとはまったく違う。

とにかく自分が自分であることが最大の使命である。同時にそれが悶絶《もんぜつ》の苦しみから解放される方法でもある。

したがって親子であろうと、配偶者であろうと、誰であろうと、私が私自身になることを許さない人とは別れることである。

これが「自分の人生を無意味にしない絶対の法則」である。

なかには、心はものすごく欲求不満で、人間として破綻しかかっているのにもかかわらず、社会的にはよく適応している人がいる。肉体的にいえば隠れ肥満である。外からはわからない。やがて底知れぬ沼に落ち込んでいく。

フロイドは「麻薬は、人間の運命を改善につかえるかもしれない大量のエネルギーが無益に失われてしまうことに責任を負っているのだ[2]」といっている。

自分自身でないことからくる努力は麻薬と同じである。尊いエネルギーが無益に使われている。

自分自身になろうとすることで自己肯定感と成長への意欲が生まれる。

心理学者シーベリーの本の中に、直訳すると「利己主義の方法」（＝『自分に負けない生きかた』〈三笠書房〉）というタイトルの本がある。シーベリーのいう「利己主義の方法」とは、「自分を大切にする方法」である。

人から気に入られたいという、とらわれの感情から解放される方法である。

自分を大切にする人にしか他人を大切にすることはできない。

人は自分を受け入れる程度にしか、他人を受け入れられない。

自分を愛することなしに他人を愛することはできない。

「他人への義務は、自分ができるかぎり生きる歓びに満ちている存在であることによってのみ果たせるのです(3)」

シーベリーがいわんとしている利己主義ということの意味は、この本を読めば理解できる。身勝手ということではない。自己中心性的ということではない。

ほんとうに他者と心が触れ合えるということである。だからこそ生きるエネルギーがわいてくる。これがすべての人生の諸問題の解決の根本である。

人と真のコミュニケーションをすることが、人生の諸問題を解決する方法である。

意志のある人は、相手の話を聞くが、迎合しない。これが攻撃的不安のない人である。意志のない人は、相手の話を聞かないで、迎合する。これが攻撃的不安に悩まされている人である。

若い頃、私は「真実とはなにか？」と訪ねて世界中を歩いた。アメリカ、アジア、ヨーロッパ、キリスト教圏からイスラム圏まで探し求めた。ヒマラヤの麓《ふもと》まで行った。

そして真実があったのは自分の心の中だった。

利己主義という言葉が誤解を招くが、シーベリーのいう利己主義は健康的利己主義である。健康的利己主義は自分本位主義である。自己中心性ではない。

「無理をする」ことの弊害

フロムは神経症的非利己主義という言葉を使っているが、それは神経症の症状だという。「あなたさえよければ私はそれでいいの」というようなことをいう人々の症状である。このようなことをいう人は隠された憎しみに満たされている。

だからこのようなことをいう母親は子どもの心をおかしくする。

だからこのようなことをいう女は男をおかしくする。この言葉に引っかかって生涯を棒に振った男や女のなんと多いことか。

それを聞いたとき、こんなうまい話はないと男や女は思った。

そのずるさに引っかかって男も女も、生涯を棒に振ったのである。

神経症的非利己主義の最大の問題は生きるエネルギーを失っていくことである。努力して消耗するだけである。根は利己主義者なのに無理して非利己主義的に振る舞うから疲れる。心の底では憎しみが生まれる。

生きるエネルギーを失えば、他人のお荷物になるだけである。

フロムのいう神経症的非利己主義には愛がない。常に相手から見返りを求めている。しかし求めたものは返ってこない。くやしい。

人は無理して親切をすると、相手を嫌いになる。したくないことをしたのだからおもしろくない。

くやしい。しかし「くやしい、嫌い」という感情を直接的に表現できない。くやしい気持ちをじっとこらえて我慢している。そこで憂うつになる。

そうなれば生きていても毎日が楽しくない。その嫌いとかくやしいという感情を間接的に表現して、たとえば毎日みじめさを誇示する。自分が毎日いかに苦労しているかを人に話さないではいられない。

ほんとうに「相手のために」という相手への愛情から親切をすれば、ますます相手が好きになる。

つまり自分がした行為が、ほんとうの親切であるか、それとも神経症的非利己主義の親切であるかは、その行動のあとのその人の気持ちを見ればわかる。

エネルギッシュになるか、くやしくて我慢して憂うつになるか。

あることで相手にゆずる。

ゆずるということは大切な徳である。その行為のあとのその人の気持ちで、その行為が本物か偽物かがわかる。

嫌われるのが怖くてゆずる人がいる。期待したものは返ってこない。くやしい。その結果相手が嫌いになる。嫌いな感情を表現できなくて憂うつになる。

こうして神経症的非利己主義は、結果として「自己の内なる力」を弱化する。だからフロムが指摘するように神経症的非利己主義に関連した症状は、抑うつ、疲労、働くことへの無能力、愛の関係の失敗というような症状だという。[4]

そして神経症的非利己主義の人はその症状にも悩んでいる。要するにくやしくて、くやしくて悩んでいる。彼らは努力して消耗する。好かれるための自己執着的他人配慮は現代人の特徴の一つである。

神経症的非利己主義が、毒のある非生産的いい人であるとすれば、人も自分も励ます生産的いい人は健康的利己主義である。

神経症を判断するのは、行動ではなく、その行動の動機である。他人に迎合するための非利己主義。それは「他者を愛するため」ではない。神経症的非利己主義とは自分の弱さを合理化していることである。

ほんとうは自分の依存心から離婚できない。評判が気になるから離婚できない。利己主義者と思われることの恐怖から離婚できない。それなのに「子どものために離婚しない」という。こうした場合、母親は子どもが嫌いになる。そして自分はよい母親と思っている。

ところで利己主義、悲観主義と関係なく自分が自分ではないところで安住しようとする人がいる。「あたかも自己喪失の状態にのみ安住の地があるかのように[5]」生きている人がいる。

ありのままの自分には価値がないと感じている。自分への失望感である。その失望感が間違いと本人が気がつくこともある。自分ではなく、親の側の劣等感が原因だと気がつくことがある。

治療は、crucial truths（クルーシャル・トゥルース＝一番大切な真実）とはなにかを突き止めること。

「自分自身にかけられている否定的な暗示に気がつくことから、治療は始まるのです[6]」

「汝のなるべきものになれ」というシーベリーの言葉で、迷いを吹っ切れば、人がどう思おうと関係なくなる。人に低く評価されようが、人から拒絶されようが、気持ちの動揺はなくなる。

そこでくやしい気持ちと縁を切れる。そして無理して好かれようとした人々と別れて生きはじめることで、自分の人生に意味が吹き込まれる。自分自身になることを放棄すれば、毎年ジャンボ宝くじに当たっても確実に人間として破滅する。

自分自身になることを放棄して自分に絶望するか、自分自身になることで自分に誇りをもつか。それは自分が決めることである。

ロロ・メイは「意志は対立から生まれる」という。

「いわなくてもわかってよ」は甘え

心理的に独立してくるということは、このように自分と他人の違いがわかってくるということでもある。同僚とさえ同じように生きようとするのではない。自分がわかり同僚がわかり、そのお互いの違いを理解したうえで、つきあっていくということである。

お互いの違いがわかってくるということは、相手にどこまで要求でき、どこから先は要求してはいけないかということがわかってくることでもある。つまり、どこから先は自分自身に頼らなければ生きていけないのかということがわかってくる。

あるいは「そこまで自分のことをわかってくれというのは甘えだ」ということがわかってくることでもある。それはまた逆にいえば、「ここまでわかってもらう努力をしよう」ということでもある。

心理的に独立していないと、いつも「私のこの行動はこのように解釈してほしい」という押しつけがましさが出る。「このように解釈してほしい」ということの裏には、「だから私に対してこういうように対応してほしい」という欲求や要求がある。

だからこそ、心理的に独立していない人とのつきあいは重苦しいのである。なにもいわなくても、要求がましく感じられて自由ではない。なんとなく束縛感がある。

つきあう側に束縛感があるように、心理的に独立していない人にも自由がない。自分のことをこう解釈し、こうあつかってほしいという欲求があると、その相手に迎合していかざるを得なくなるからである。

単純にいえば、保護を求めているかぎり、心理的に自由にはなれない。保護を必要としている以上、相手のご機嫌をとらざるを得ない。上司や同僚に保護を求めていたり、自分をこのように認めてほしいという欲求をもっていると、淡々と生きるわけにはいかない。なにかにつけて不満になる。

『「うらみ」の心理』(郷古英男著、大日本図書)という本では、「うらみ」のもっとも本質的な要素として、次の三つをあげている。

①相手の仕打ちに不満をもつ。②表立ってやり返せない。③その相手の気持ちを推量できず、いつまでも執着し、じっと相手の本心や出方をうかがう。

たしかにこのとおりなのであるが、これは当の本人の主観的な心理的過程である。まず相手の仕打ちに不満をもつのは、うらみとしては当然である。

ただこのとき、第三者から見てもその仕打ちが不当であるときと、そうでないときとがあろう。

当の本人が心理的に独立できておらず、自分のことをこう解釈し、このように認めてほしいというように相手が解釈し、認めないとき、相手の仕打ちを不当と勝手に解釈することがある。そして敏感性性格で傷つきながらも、表立ってやり返せないでいる。それだけに、いつになってもその不満や怒りや憎しみがはけずに、うらみとなって心の中にとどまる。

かくて上司や同僚と抜きさしならぬほど感情的にからんでいってしまう。嫁と姑、隣り近所の奥さん同士についても同じことである。表立ってやり返せないから、陰にまわって足をひっぱるということになる。

さわやかに生きるために、心理的独立というものがどれくらい大切かということである。

「私は反対です」とはっきりいえた日

相手のいうことを聞いて、そのとおりにして相手から保護されて生きることはやさしい。しかしこのような生き方をしていると、いつまでたっても心理的に独立することはできない。

また相手の言いなりになって生きたからといって、相手はこちらを尊敬するわけでも、重んじてくれるわけでもない。甘く見られる、なめられるだけである。

「人を見る」ということが、この社会の中で快適に生きていくうえには、どうしても必要なことである。この世の中の人は、敏感性性格の人が考えるよりはるかに心やさしい。また逆に、敏感性性格の人が考えるよりはるかに卑怯である。というのは、敏感性性格の人は、人を皆同じに見てしまう傾向がある。だから自分に対して好意的な人も、自分を利用しようとするずるい人も、同じに対応する。そのように同じに見えてきてしまうのである。

さて、いろいろ長々と相手のいうことを真に受けすぎるということを書いてきたが、次に大切なことは、「自分が」このように思う、「自分は」こう感じるというように、「自分」というものを他人に示すことを避けてはならないということである。

これがどのくらいむずかしいことかは、私自身もわかっているつもりでいる。私も大人になってから他人の前で、同僚の前で、上司の前で、「自分は」こう思うということをなかなかいえなかった。

「自分は」反対ですということをはっきりいえた日のことを、いまだにおぼえている。それはある人事についてだった。私はただでさえ「自分の」意思をはっきりと表示できない弱い性格だったので、人の気持ちが深くからみあう人事のようなことについては、憎まれたくないということで、なかなかはっきりと意思表示できなかった。

しかし当時私は、自分がこの弱い性格をなおさなければと必死になっていた。それまで私は自分の意思を一般化したかたちで表示するという、弱い人間に共通した意思表示をしていたのである。「だいたいこの会社に勤めている者なら」とか、「たぶん昭和生まれの者は」とか、「多くの男性は」とか、自分の意思を一般化して表示する。

だいたい「自分が」反対であっても弱い人間は、「彼も反対のようでした」というような言い方をする。このように自分の意思をはっきりと表示することをいつも避けていると、いつのまにか自分の意思そのものがはっきりしなくなってきてしまう。「みんな、これはほしいんじゃない」といった言い方をよくする。決して「私はほしい」とはいわない。

このように自分の意思や要求をいつも一般化していると、「どれがほしい？」と聞かれて、「どれでもいい」というようになってきてしまう。ほんとうにどれでもよくなってしまうのである。

「どこのレストランに行こうか？」というとき、「彼がどこそこのレストランはおいしいといっていたよ」となってしまう。自分の意思や要求や望みを一般化しないときは、自分以外の第三者を通してそれを表示する。

いまも書いたとおり、「自分が」反対でも、まず「彼が」反対の意見だという。そして「自分は」といわずに、全体が自分の望むように反対になることを期待する。

たとえ「彼が」反対でも、「私は」反対だといって、それを支持するものとして「彼も」というのはいいだろう。しかし「私は」をぬかして「彼が」だけ述べて、その集団の意見がそのようになったのを「彼の」責任にするというのは弱虫にすぎる。

このような生き方をしていると、いつのまにか気力のおとろえた人間になっていくし、さっぱりした人生を送ることはできないだろう。いつも誰かをうらんでいるようなことになる。

ことに人事の昇格などについては、人は問題になっている人に憎まれたくないということではっきりと自分の意見をいわない。いわないけれど、「彼が昇格になるのはおかしい」と思ってはいる。「それだけの業績をあげていない」と思ってはいる。しかし公の会議でそれをいえば、やがてそれがその人に通じて憎まれることになる。

そこで憎まれたくないから自分の意見は公にはいわないで、あとは陰口をいうことになる。日本の社会でこれほどまでに陰口が多いのは、人々が弱いからである。

「だいたい女なら」「彼が」「たぶんあの人も」というような言い方でしか、自分の意思を人前でいえないから陰口が多いのである。

自分の意思を表示し、その意思を通すということは、自分が責任をとるということでもある。それは怖い。しかし自分の意思を重要な局面ではっきりと述べて、そのとおりに動かしたとき、それまでと世界は違って映ってくる。いや自分も違ってくるのがわかる。自分の内面もきしみをたてて変化していくのがわかる。

自分の意思をはっきりと表示しはじめたとき、それまでいかに自分が弱い自分を守るためにものすごい鎧《よろい》をつけていたかがわかる。

長いこと弱さを武器にして生きていると、自分は弱くなければ生きられないと心の底で信じだす。自分の弱さを誇示し、従順であることを示し、それによって保護されようとする。

弱くなければ生きられないという思いこみを捨てることである。弱さを誇示して他人の同情を集め、責任をとらないで生きていこうと長いこととしてくると、それ以外には生きる方法はないように思えてくる。

人生と自分に対する思いこみを捨てること。強くなっても生きられるし、自分は強くなれるのだということである。

弱いままで生きるということは、いつも誰かにべったりとよりかかって心理的にも生活面でも面倒をみてもらおうということであろう。そして何度もいうように、それが思うようにいかなければ相手をうらむということになる。

同情を求めて生き、期待した同情が手に入らなければうらむ。交流分析のムリエル・ジェームスのいうごとく、うらむということは相手に罪悪感を抱けということであるから、この場合もなお受け身のままで自分を救おうということである。

最後まで、まわりの気持ちで自分の人生の苦しみをとりのぞいてもらおうということであろう。相手が罪悪感を抱いて自分への態度を変えてくれるのを待っているのである。はじめから終わりまで、他人に頼った生き方である。

4章

気が軽くなる生き方
——のんびり歩けば、見えてくる風景

1 「とり返しのつかないこと」など一つもない

うつ病的傾向の者にとって耐えがたいのは、やはり損失ということである。それは所有と喪失ということをめぐって心が動いているからである。

所有欲が強ければ強いほど、損失はそれだけ耐えがたい。美しい風景を見そこなったということは、比較的耐えやすい。いや、なかにはほとんど気にならないという人もいる。

美しい音、美しい色に対する欲求の激しい人は、やはりそのようなものを味わう機会を失ったことの衝撃は強い。しかし所有と喪失にのみ関心のある人にとって、美しい音に対する機会を失ったということは、それほど大きな問題ではない。

円高で損をした、株で損をしたということが、その人にとってどれだけ大きな問題であるかは、その人の欲求の性質によって決まってくる。株のことでよく主婦などが自殺をする。自殺をした主婦は、とにかく利益が大切だったのである。

自殺をした主婦の自我は、ほとんど全面的にお金に関与していたのであろう。もしその主婦が音楽が好きだったらどうだろう。クラシックファンなら、その好きなクラシックを聴くことで、損失の痛手をいやすことができたであろう。なんて私はばかなことをしたのだろう。あのお金さえあれば、すばらしい音楽会に何回いけたろうと思うかもしれない。

しかし自分の好きな指揮者のオーケストラの演奏を聴けば、やはり心はなぐさめられる。自分はどこか間違っていた。どこか自分らしくないことをしてしまったと反省することになるだろう。

しかし自殺した主婦はそうではない。彼女にとって生きることの目標はお金であったのだろう。お金が自分の好きなことをするための手段であるなら、自殺にまで追いこまれないに違いない。

お金が生きる目標になってしまっているからこそ、お金の損害には耐えられなかったのである。その生きる目標となったお金を失ったからこそ、「あのとき、あんなことをしてさえいなければ」と執拗《しつよう》にくり返すのである。

彼女にしてみれば、くやんでもくやみきれないのは、そのお金の損失はとり返しがつかないからである。

この人生には「とり返しのつかない」失敗というのがある。しかしたいていの「とり返しのつかない」失敗というのは、その人の心の傾向によって、そのようになっているだけである。

所有に一切の価値を置く人にとって、多額のお金を失うことは、「とり返しのつかない」失敗である。しかしものを所有することに、それだけの価値を置いていない人にとって、円高や株によって損をすることは、「とり返しのつかない」失敗ではない。「人生なんてこんなもんだよ」と、ある人にとってはケロッとしていられることでも、資産の獲得と所有に執着する人にとっては、永遠の悲嘆になる。一つの事業に一緒にとりくんでいて、それが失敗したとき、その失敗のもつ意味、心理的影響は、まったくその人たちによって異なるだろう。

私は、日本人が持ち家に執着する傾向は異常であると思う。これは貪欲とまではいわなくても、うつ病的傾向をあらわしているような気がしてならない。

さらにわれわれは、ケチと思われることを恐れる。そのことは、じつは貪欲でケチな人間だからではなかろうか。貪欲とかケチとかいうと、不快なひびきがあるが、要するにうつ病的傾向をあらわしているのである。

所有にこだわる、資産の獲得と所有はほとんど生きる目標にまでなっている、それこそが心の貧しさをあらわしている。

心の豊かさとは所有することではなくて、それを味わうことである。立派な家を所有する人は、経済的には豊かである。しかしその立派さを味わうことができないなら、心の貧しい人であろう。春になったら春の木々を楽しみ、秋には落ち葉を楽しむ人が、立派な家を所有しながらも心豊かな人なのだろう。

しかしそれならなにも家を所有することはない。借りていれば充分である。ところが人によってはそういう家をもっている、所有しているということに価値を置いている人がいる。

ものを所有することに異常にこだわるのは、心の中にそれだけなんらかの弱点があると反省する必要があるのではないか。また日本人は貯蓄をよくする。とにかく他国民に比較してよく貯金をする。

家を所有することと貯金をすることに異常に高い価値を置く国民は、やはり心理的にどこか病んでいるといっていいのではなかろうか。そしていったん所有したものは、決して失うまいとしがみつく。

自民党の機関紙を調べていけば、スローガンにどれだけ「繁栄」という言葉がたくさん出てくるかわかる。それだけ「繁栄」という言葉をアピールしたいということであろう。

そんなわれわれであれば、損失ということはつらい。得するか損するかで、一喜一憂することは避けられない。

私は人間というのは内的に空虚であればあるほど、お金や資産の所有に執着すると思っている。それらのものは内的空虚から目をそらしてくれる。

もちろん当人は、このことを意識していないことが多い。つまり自分の空虚感を抑圧している。そして、他人の人生の虚しさをヒステリックに攻撃するのは、自らの抑圧した空虚感を他人に投影しているからであろう。

なぜ自分は、その石につまずいたのか

うつ病の病前性格といわれている執着性性格などは、他人によく思われることにこだわる。メランコリー型の人も、他人の拒否を恐れて善意に振る舞う。

要するに他人のための存在である。彼らは自分のために存在することができない。このように他人に迎合していく過程で、自分を犠牲にせざるを得ない。はじめは、たとえば母の保護を求めて母に迎合していく。大人になっても周囲の人に自分をよく印象づけようとして、自分の内的欲求を犠牲にしていく。

このように外的には適応するが、内的には適応していない。つまり自己不在であり、そこには空虚感がある。

この空虚感にとって所有ということが意味をもつのではなかろうか。だからこそ、うつ病的な人は、他人によく思われないと気がすまないという特徴とともに、所有ということにこだわるという特徴がある。

うつ病の発病の契機として、親族の死などがあげられる。そのとおりであろう。し

かし子どもが死ぬというとき、それは愛する子どもが死ぬというのではなく、所有の喪失という意味になるのであろう。

ある意味で、お金や資産の獲得と所有は、空虚感の抑圧行動という側面があるのかもしれない。それだけに心の底の底では、どんなに資産をもっても、自分の心のあせりや虚しさは解決されないと気づいている。

ところで経済的損失ばかりではなく、不快な印象に長くつきまとわれる人がいる。敏感性性格的な人である。損にとらわれ、所有にこだわるということはいままで述べたごとくであるが、それ以外にも、そもそもちょっとした失敗でも、きわめて深く感じとり、傷ついてしまい、長いあいだ忘れることができない。

クレッチマーの『新敏感関係妄想』に出てくるヘレーネ・レンナーという女性がいる。彼女は小さい頃から並はずれて敏感であり、秀才で努力型であった。その彼女は、学校で一度席次が落ちると残念でたまらなかったという。

小学生の中には席次をまったく気にしない子もいれば、気にしていてもすぐに席次の落ちたことを忘れる子もいる。しかしヘレーネのように、なかなか忘れられない子もいる。

敏感性性格的な人は、自分がひとりで、ものごとを不快にしているにすぎないということを知ることが大切である。お金をなくす、成績が下がるというようなことでなくても同じである。

性的失敗などが敏感性性格者にはこたえる。そのことに自分の注意が集中して離れなくなってしまう。その失敗という不快な印象につきまとわれ、痛めつけられ、苦しみつづける。そこに注意が固定してしまう。

そしてフランクルのいう「期待不安」という問題がおきてくる。また失敗するのではないかとあらかじめその場面を考えて、不安な緊張に襲われてしまう。

しかし相手の側は、失敗したということさえ忘れていることがある。つまり自分ひとりの心の中の働きで、不快になっているだけなのである。不快な印象に長くつきまとわれて忘れられないのは、自分の心の中にその原因があることを忘れてはならない。

先ほどのヘレーネにしても、席次が下がることを気にしてとらわれているのは、彼女自身なのである。周囲の人はそれゆえに彼女の評価を変えたりすることはないだろうし、また気にもしないし、そのとき気にしたとしても忘れてしまうに違いない。

それは、彼女が学校では首席でなければ我慢できなかったというところに原因があるのだろう。首席でなければ我慢できないと、席次が落ちたら残念でならないだろう。

経済的損失がつらくて、いつになってもその不快感からぬけられず、あのときあんなことさえしていなければと、とり返しのつかないことをとり返そうと嘆き悲しんでいるような人も、なにをやっても、一〇〇％もうからなければ気がすまないというところがあるのではないだろうか。

「ふつうの人は百度もそこを平気で通り過ぎてゆくのに、敏感な人間は最初でもうつまずいてしまう釣合のとれていない一隅を示している」（『新敏感関係妄想』）

石につまずいて転んだとしても、それは石そのものが悪いわけではないだろう。つまずいても転ばない人がいるし、転んでも忘れてしまう人もいる。なかには、つまずかない人もいる。

結局、石を自分の人生にとってどういう影響力のあるものにしてしまうかというのは、その人の心の中の不安や葛藤の問題なのである。

赤ん坊が親の関心を求めて泣くとき、それは攻撃性である。それと同じように、うつ病になるような人は周囲の人に愛情を求めて攻撃的になっている。

「生きるのがつらい！」とうつ病者がいうときには、赤ん坊が泣いているときと同じである。

うつ病者がいう「生きるのがつらい！」は赤ん坊の泣き声である。それは隠された攻撃性である。「つらい、つらい」と嘆いているのは、つらいといっているのではなく、愛を求めているのである。

「私にもっと注目して」「私のことをもっと重要視して」といっているのである。

うつ病者がもし周囲の人に直接攻撃性を向けたら道は拓けるのである。直接、面と向かって「私はあなたのその態度が許せない」と叫べば、解決の糸口は見つかる。

そのとき自分が見える。そのときに救いがたいほどの自分の依存心や不安に気がつく。自分は周囲の世界に助けを求めながら、周囲の世界を攻撃していることに気がつく。

自分は不安である、そしてその不安は攻撃性を含んでいる。自分は攻撃的不安から助けを求めていたことに気がつく。そして自分は力を求めていたことを認めれば道は拓ける。

そこが、いま自分がいる位置である。

幼稚園で園児が逃げる。そういうときには先生は逃げた園児を追いかけなければいけない。園児は追いかけてもらうために逃げたのである。

攻撃としての逃亡ということがある。前述のアドラーは攻撃的不安という言葉を使っているが、不安に攻撃性が隠されていることに、不安な人は気がついていない。

敏感性性格の人の不安がまさにアドラーのいう攻撃的不安であろう。

人はなぜ力を求めるのか？　そのもっとも重要な原因の一つは攻撃的不安であるという。自分が不安なときに、自分が攻撃的になっていると気がついている人は少ない。

悩みに変装した攻撃性は力を求める。力への願望のもっとも重要な要因の一つはこの攻撃的悩みであるとアドラーはいう(1)。アドラーがいうように、この攻撃的悩みには、力への願望がもっとも巧妙に隠されている。だから敏感性性格の人に大切なのは、視野を広げることである。

「私は強くなろう」としないことである。ありのままの自分でいようとすることである。

価値にはいろいろな価値がある。強いことはよいことという視点を、多くの中の一つの視点とすること。それで敏感性性格を乗り越える。敏感性性格の人は、自分の不安と、その裏で自分は優越感を求めている、力を求めていると気がつくことが、救いへの道である。

異常なまでに「他人が自分をどう見ているか？」を気にするのは、ひかえめな態度の裏で優越感を求め、力を求めているからである。

先に[2]他人が自分のことをなんとも思っていないのに、「自分のことをどう思っているだろう」と気にする人は、その心の底に、他人に特別にあつかってもらいたいという欲求があると書いたが、同じ趣旨である。

敏感性性格の人が「くやしい！」と嘆くことに隠されているひそかな目的は、優越への願望である。彼の行為の目的は他人と協力するのではなく、他人に優越することである。優越への願望、力への願望は隠されている。そしてそれは常に満たされていない。

発揚性格の場合には、その不満は「くやしい！」と叫んで、表面的にも爆発する。だからわかりやすい。

赤ん坊が泣いて、攻撃的になって助けを求めているのと同じである。

しかし敏感性性格の人の「くやしい！」は、爆発しない。心の底に抑え込まれる。子どもが「わーわー」騒ぐのは、どうしていいかわからなくなっているからである。なにがほしいかわからなくなっているからである。「助けてくれ！」と叫んでいるのである。

敏感性性格の人もどうしていいかわからなくなって、心の底では「助けてくれ！」と叫んでいる。しかし自分を隠して、助けを求めているからうまくいかない。自分を隠して「助けてくれ！」と叫んでいるから効果がない。

自分を隠しているから、幸せになりたいと思いつつ、今日やるべきことがわからない。

自分自身を知っている人の努力は実るが、知らない人の努力は実らない。

敏感性性格の人は、自分の嫉妬心に気がつくことが救いへの道である。

嫉妬深い人はものごとに関心があるのではなく、優越しているか、優越していないかにのみ関心がある。まさに「Ahead or not（私が先か、他人が先か）」にのみ関心がある。

彼らは自分の野心を認められない。しかし他人の優位も認められない。自分が優位したいけれども優位に立てない。そうなれば他人の足をひっぱる以外に生きる方法はなくなる。

そして彼らは優越することが唯一の喜びになる。人より優位に立ちたい、人が自分より優位にいることが気に入らない。

敏感性性格の人は優位への願望が強いから、どうしても人と自分を比較する生き方になる。「表面的に」所得、地位、名声等々で自分と他人を比較する。

ほんとうに幸せな人をうらやましく思っていない。あの人は優しい、心のゆとりがある生活をしている。そういう人をうらやましがらない。

自分と他人を「強迫的に比較する」のは、他人に優越したいという劣等感と、人が恵まれているのが許せないという憎しみがあるからである。しかし自分の劣等感と憎しみに気がついていない。

周囲より優位に立つばかりでなくその優位を相手にも認めさせようとするから、よけいいがみ合いが激しくなる。相手も優位に立とうとし、その優位をこちらに認めさせようとしているのであるから、こちらの優位を認めるはずがない。お互いに相手の優位を認めるはずがないのに、その優位を認めさせようと激しくいがみ合う。

そうなると自分の関心が相手に縛られてしまう。相手に少しでも勝つか負けるか、相手がこちらを少しでも軽く見るかどうかというような、ささいなことがものすごく重要なことになってしまう。

交流分析で慢性的で定型化された不快感情を「ラケット」という。

たとえば、みじめさを誇示する、メソメソ泣く、あるいは深い失望のため息をつく、憂うつな顔をする。こうして相手に罪の意識をもたせて、こちらの思うように相手を動かす。そしてラケットには人を変えようとする意図が隠されているという。このラケットがアドラーのいう「社会的に表現された攻撃性」であろう。

そしてこのラケットを交流分析では「心のマフィア」と呼んでいる。まさにアドラーのいうようにそれが攻撃性をあらわしていることを示している。

体の熱は病気の症状である。悩みは、いま心が問題を抱えているという症状である。

いま、悩んでいるとすれば、いま心が変わることを求めているのである。悩みは、自分の人生をより意味あるものにする機会である。

敏感性性格のくやしさは慢性的不快感情の一種であろう。敏感性性格の人は、くやしいし、生きているのがつらい。そうした態度で攻撃性をあらわしている。「私はこんなにつらいのだ」という悩みは攻撃性を表現している。同時に優越を求めている。力を求めている。でも、心の底では自信がない。

悩んでいる人を見ると、心理的に健康な人はその悩んでいる人が一人で他人と関係なく悩んでいると思ってしまう。じつは悩んでいる人は周囲の世界に働きかけているのである。

彼らが、心の底で「くやしい！　私はあなたたちが嫌いです」と思っているからといって、その人たちから離れようとしているわけではない。逆にしがみついている。「私はくやしい、私はあなたたちが嫌いです、でもあなたたちがいないと生きていけません」ということである。

アドラーは、攻撃的不安は力を求めるもっとも重要な要因であると述べている。しかも同時にこれがもっともうまく隠されている。(3) 彼らが力を求めるのは政治家が露骨に権力闘争をするのとは違う。政治家が権力を求めるような態度を、彼らはもっとも軽蔑する。

じつは敏感性性格の人は、無意識に力を求めている。先に述べたごとく小心な野心家である。そこに彼ら自身が気づかないかぎり、いつまでも安心感を得られない。

「なにかが心配のときは、常に、自分が回避している中心的な事実があるのです。その中心的な事実は、あなた自身を変革せよという要求が、たえずあなたの前にあらわれるはずです」とシーベリーは述べている。[4]

敏感性性格の人の中心的な事実、それは「力を求めていること」である。さらに他人から積極的関心がほしいという欲求をもっているということである。

敏感性性格の人が、充実した人生を送るには、「求めるものを変えること」である。

敏感性性格の人には、心のふれあう「我が友」がいない。「我らの仲間」という意識がいない。

くやしさ、怒りをおさめるのは権力ではなく、「私には友がいる」という感覚である。

くやしさは、隠された怒りの表現であり、満たされない力への願望の間接的表現であり、慢性的不快感情である。

2

「完璧依存症」を手放すと

母親は子どもに人生の土台を与えることができる。ただそれは情緒的に成熟した母親である。情緒的に成熟した母親は子どもを愛し、そして生きることの土台をつくってやる。

しかし情緒的に未成熟な母親は、子どもに生きる土台をつくってやらないどころか、子ども自身のその努力を妨害する。

生きる土台をつくってやるということは、子どもの成長を待ってあげるということである。子どもの自然な成長を待ってあげれば、子どもは自然と生きる土台をつくる。

しかし情緒的に未成熟な母親は、子どもの自然な成長を待てないという。いや子どもの自然な成長を待てない母親を情緒的未成熟といったほうがいいだろう。そのような母親は、子どもの自然な姿にいらだつ。

子どもは子どもでしかない。子どもは不完全である。心理的に成長していない母親は、子どもの不完全さに耐えられないのである。

完璧な子どもは自然な子どもではない。母親は「あるべき」姿を子どもに強要する。そしていらだつ。母親に自然な成長を待ってもらえた子どもと、待ってもらえなかった子どもの違いは決定的である。

完璧主義におちいってしまっている不安な子どもというのは、自分の自然な成長を待ってもらえなかった子どもなのである。不安な完璧主義者は、待ってもらえず、自分の中の自然を殺しつづけた人である。

完璧主義というと、言葉の意味を誤解される可能性があるので、完璧依存症といったほうがいいだろう。麻薬常用者と同じように完璧常用者なのである。アルコール依存症の人がアルコールが切れると不安でならないように、完璧依存症者も、完璧でないと不安でたまらなくなる。

実際アメリカには『完璧依存症』（＝『*Addiction to Perfection*』マリオン・ウッドマン著）という題名の本がある。完璧をめざす意欲的な人と完璧依存症者とは違う。

完璧をめざす意欲的な人は不完全さに耐える力強さをもっている。完璧依存症者というのは、不完全に耐える強さを欠いている人なのである。心理的には普通の人より弱い人であり、依存的な人である。

現実に耐える力がなくて、アルコールに依存するか完璧に依存するかというとき、完璧に依存しているだけの話である。

子どものとき、自然な成長を母親に待ってもらえた人は、生きる土台ができているので、完璧に依存しなくても生きていかれる。自分の中に自分の頼るものがある。

自然な成長を母親に待ってもらえなかった人は、自分の中に生きる土台をもたず、自分の中の自然は自分にとって不快なものでしかない。自分の肉体も自分にとっての敵である。なぜなら自分の肉体は完璧なものでないからである。疲れていたり、病気になったりする。いつも完璧に健康であることはできない。

しかし完璧依存症者にとって疲れた体、病気などは耐えられないのである。疲れてはならないし、病気になってはならない。そこで疲れや病気を受け入れることができない。うつ病的な人が疲れても仕事を休めないというのは、完璧依存症だからである。

疲れたとき、ゆっくり休養をとれる人というのは、完璧依存症ではない。人間の自然を、その人が受け入れている。ところが、小さい頃自分の自然を親に受け入れてもらえなかった人は、働いて疲れるという自然を受け入れられない。

働かねばならない、もっと働かねばならない、もっともっと働かねばならないというのが、完璧依存症者である。自分の肉体はこのぐらいのことで疲れるべきでないのである。疲れれば、自分の体をもっと鍛えなければならないという発想になるのが完璧依存症者である。鍛えてもっとすばらしいものにしようと努力しつづけるのが完璧依存症者で、働けば人間は疲れるのだから休養をとろうというのが意欲的な人である。

小さい頃からなにをやるにも「せかされて」生きてきた人は、生きるゆとりができない。小さい頃からなにをやるにもせかされて生きてきた人は、生まれて、そして死んだ、しかし生きなかった、という人であろう。

小さい頃、親にいつもせかされてきた人は、他人が自分の自然のなりゆきを待ってくれるということが信じられない。待っている他人によりかかれない。安心して待ってもらうということができない。

小さい頃、親にいつもせかされてきた人は、大人になっても他人と接すると、内面からせかされてしまう。他人と接することで、小さい頃の親との体験が再体験される。

そこであせる必要のないときやところでも、いつもあせってしまうことになる。

現実に目の前にいる人が、待っていてあげるといっているし、その気持ちと能力をもっているのに、内面からせかされる。それは、実際にいま、目の前にいる人との交流を体験しているのではなく、小さい頃の親との体験を、内面で再体験しているにすぎないからである。

そうした意味で、完璧依存症者の経験というのは、きわめて限られている。いつになっても小さい頃の親との関係の中でしか生きていない。表面的にいろいろな人といろいろな体験をしているようであっても、本質的には、小さい頃の不幸な親子体験以外にはなにもないといっていいだろう。

疲れても休養をとれず、なおも仕事をしたり、なおも肉体的トレーニングを続けようとする完璧依存症者というのは、不幸な親子体験に縛られているのである。完璧依存症者は不完全に耐えられない、完璧でないと不安である。そのことは先に書いたとおりである。そしてさらに、完璧でないことに罪責感をもつ。それは完璧であることを要求した我執の親に心理的に縛られている証拠である。

完璧依存症者というのは、心理的にはまだ幼児なのである。彼らは、社会的、肉体的能力だけが大人になってしまったが、大人になっても我執の親から心理的離乳がとげられていない。

人間は人間でしかない。人間以上でも人間以下でもない。人間には人間の自然がある。それは他の動物の自然とも違うし、神でも完璧でもない。

あなたが望めば、人は「待って」くれる

人間は、完璧でないことに罪責感をおぼえる必要などどこにもない。しかし完璧依存症者は、完璧でない自分を許せないのである。それは我執の親が、完璧でない自分、つまり私の中の自然を許さなかったからである。自然な成長を待てず、子どもをせかしたからである。

完璧依存症におちいっている大人は、待ってもらえなかった悲劇を自覚することである。それに気がつくだけで、どれだけあせる気持ちから解放されるかわからない。そして大人の中には「待てる」までに情緒の成熟した人はたくさんいるということも、心の中に記憶しておいたほうがよい。

自分の親が自分を待てなかったからといって、すべての大人が自分を待てないわけではない。完璧依存症者は待てる人を探してつきあうことである。自分が疲れたとき、疲れがとれるのを待てる人、自分が病気になったとき、病気がなおるのを待てる人、そういう人とつきあうのがよい。そして、そうした環境の中であせるとき、いま待てないのは自分であって、他人ではないとわかっていることが大切である。

この世の中には他人の不完全さを待てるだけに情緒の成熟した人がいるとわかっても、どうしてもそれだけでは不安である。小さい頃、待ってもらったことのない人にとって、安心して待ってもらうことはできない。

せかされていなくても、自分の内面でせかされてしまう。そんなとき、いま自分は小さいときの不幸な親子関係を再体験しているのであって、この現実を体験しているのではないのだと、何度でも自分にいいきかせることである。

いま目の前の人が、「早くして」といっていないのに、小さい頃の親の「早くしなさい」という心の中に録音された言葉が再生されてきてしまう。だが、再生音に気をとられるな。

この世の中には、待つことに満足している人もいれば、待つことにいらだっている人もいる。ところが、現実から引退してしまった人は、現実を見ないで、自分の心の中の録音、録画の再生ばかりで生きている。

好かれているのに、好かれていることが感じとれない人がいるように、待ってもらえているのに、安心して待ってもらうことのできない人がいる。皆、現実から引退してしまった人なのである。

信じてもらえているのに、疑われていると感じてしまう人もいる。自分のいうことを信じてもらえているのに、疑われていると感じて、いろいろな証拠を見せようとする人がいる。疑い深い親に育てられた人である。

信じられているのに、疑われていると感じて、証拠を見せようとするような人も、現実から引退してしまっている人なのである。いま目の前にいる人と接触しているのではなく、小さい頃の不幸な親子関係を再体験しているのである。

その人と実際に接してみれば、その人が自分のいうことを信じているのは感じとれるはずなのだが、目の前にいるその人を見ていないのである。彼は、その目の前にいる人を理解していない。彼は目の前にいる人を理解しないで、心の中で録画の再生だけをして生きている。

心の中の録画の再生に対する反応をしながら、目の前にいる人に対して反応しているつもりになっている。心の中の録画の再生に対して反応すれば、当然、自分のいっていることがほんとうだという証拠を出そうとすることになるだろう。しかし、目の前にいる人の心に反応するとすれば、自分のいっていることがほんとうだというような証拠を出そうとする必要はない。

許されているのに言いわけをする人も同じである。自分の不完全さを目の前の人は許している。自分がいろいろうまくできないのを、相手は許している。実際の相手が許しているのに、一生懸命言いわけをする人がいる。そういう人は、目の前の現実の相手を理解していないし、理解しようという心の姿勢もない。

そういう人は、やはり心の中で録画されている不幸な親子関係を再生しているにすぎない。その再生したものに反応しているのである。不幸な親子関係の再生画面を見れば、失敗したときなにか責められている。いや失敗しなくても責められている。子どもの自然を受け入れることのできない親は、いつでも子どもを責めている。子どもは自分の存在にいつも罪責感をもち、親に対していつも言いわけしなければならない。あるいは、いつも実際の自分と違った自分を見せていなければならない。

なにかうまくいかないことでもあれば、いつも言いわけをしなければならない。親の期待にこたえられなければ、激しい罪責感をもつことになる。

ところが、現実に目の前にいる人と実際に接触していれば、なにか失敗したって、言いわけをしなくてもいい。なぜなら、相手は自分を責めていないのだから。相手が責めていないということを感じとれないのは、目の前の人と接触しているのではなく、心の中の録画の再生に反応しているにすぎないためである。

悩みはその人が過去の出来事にどう対処してきたかが影響している。悩みの核心は過去にある。

権威主義的な親に育てられたとする。表面的には従順に従いながらも、隠された敵意がある。しかも自分の行為を親孝行と合理化する。その無意識に追放された怒りが、いま目の前の出来事を通してあらわれてくる。しかしその人はいま目の前のことに悩んでいると思っている。同じことを体験しても、苦しみは人によって違う。

いまの悩みの核心は過去の心理的に未解決な問題が変装してあらわれてきているにすぎない。だから悩みはそう簡単に解決しない。

心理的に未解決ということはどういうことか。そのときまで心の中の矛盾に蓋《ふた》をして生きてきた、心の葛藤を解決しないで生きてきたということである。

突っ張っている人などは皆心理的に未解決な問題を抱えている。

好きな女性に振られて「あんな女」という。心の底ではまだ好きである。

不安な人は心理的に未解決な問題をたくさん抱えたままで生きている。

心理的課題を解決するということは「現実に直面する」ということである。

その時期その時期の心理的課題を解決して生きてきた人と、心理的に未解決な問題を抱えたままで生きてきた人では、同じ体験をしてもまったく違った解釈と感じ方をする。

精神科医のアーロン・ベックは「うつ病者とうつ病でない人」では体験が違うのではなく、体験の解釈が違うと指摘するが、そのとおりであろう。

心理的に未解決な問題を抱えている人は、過去の「つけ」を払っていない。悩んでいる人のほとんどは、いまの出来事で悩んでいるのではない。

仕事の失敗で自殺する人は少ない。過去の心理的に未解決な問題が、いまの仕事の失敗をそこまで深刻なものにしてしまったのである。

「なんでこんなに苦しいのか」

悩みの真の原因を間違えているから、悩みや苦しみはいつまでたっても解決しない。過去の未解決な問題が、いまの仕事の失敗が苦しみに変装した姿となってあらわれている。そうとらえなければ死ぬまで無意味に悩み苦しむことになりかねない。その過去の苦しみや悩みに、いつまでも心理的に成長しないということから生じる苦しみがプラスされる。

悩みや苦しみを正しく理解することで人は心理的に成長する。

いまの悩みの深刻さは心理的に未解決な問題の深刻さと比例する。

精神科医のベラン・ウルフの「悩みは昨日の出来事ではない」というのは、人間の心を理解した名言である。

ストレスで体に変調をきたす人がいる。それと同じことを体験してもなんでもない人がいる。変調をきたした人は、無意識に蓄積された怒りが、そのいまの出来事に反応したのである。

なにかあるとすぐに不愉快になったり、傷ついたり、イライラしたり、落ち込んだりする人がいる。なにかささいなことで失敗した。しかしその失敗を受け入れられない。それが心理的に未解決な問題を抱えたことになる。そして、その内面に抱えた心理的課題が、それ以後のその人の体験に影響を与える。

悩んでいる人はいまに反応しているのではない。その人の過去の心理的に未解決な問題がいまの出来事に反応しているのである。

つまり神経症的傾向の強い人、ことに敏感性性格の人は現在に生きていない。

「ゆっくり」「適当」「不完全」な自分を許す

「期待不安」という言葉がある。ある人の期待にこたえられないのではないかと、あらかじめ不安になる人がいる。期待不安とは、あることで失敗すると、次に同じような場面でまた失敗するのではないかと不安になることである。人前であがってしゃべれないということが一度あると、次に人前に出るとき、実際に出る前から、あがってしゃべれなくなるのではないかと不安になることである。

小さい頃、親の期待にこたえられなくて、責められる。そのような体験を積みかさねる。いつも期待にこたえられなかったらどうしようと不安である。そんな小さい頃の体験をもち、やがて成長して大人になる。

大人になって、目の前にいる相手は、自分に期待していない、あるいは期待したとしても、かなえられないことで責めたりはしない。それなのに、目の前にいる相手に責められるのではないかと不安になる。

実際目の前にいる人は、自分を責めていない。たとえ期待をかなえられなくても責めない。そうであるなら安心してもいい。それなのに安心できない。安心できないという人は、やはり目の前にいる人と接触しないで、心の中の録画の再生をしているのである。そして、その再生に対して反応している。心の中の録画の再生に対する反応が、「不安」である。

なんと多くの人が、現実との接触を絶って、心の中の不幸な親子関係の録画の再生に対して反応することだけで、生きていることだろう。現実と表面的には接しながら、まったく現実には反応しないで生きている人で、この世の中はあふれている。

現実と接触できるということが心の健康のメルクマールなのである。八十年間生きて、まったく現実との接触を欠いているという人もいる。もちろんそういう人は、実際の自分との接触も欠いているのである。

八十年間この世の中に生きていて、心の中で関係した人は親だけ、という人はたくさんいる。いや驚くほど多い。もちろんそういう人も会社にいき、地域社会の人と話し、レストランで食事をしている。しかしいままで書いてきたように、そのたびに心の中の録画の再生にだけ反応しているのである。

信じてくれている、好きになってくれている、せかさないでくれている、責めないで待ってくれている、待つことに不満にならないでいてくれる、イライラしないで待ってくれている、完璧依存症者はそれが感じられないであせっている。なぜなら完璧依存症者は、現実との接触を欠いて生きているから。

完璧依存症者というのは、「完璧」に逃げているのである。アルコール依存症者がお酒に逃げるように、完璧依存症者は現実に耐えられなくて「完璧」に逃げているのである。

完璧依存症者というのは、不完全な自分をいつも言いわけしている。完璧依存症者は、許されない現実の自分の存在をどう合理化しようかということにばかり気をつかってしまっているのである。したがって、自分の接している現実を理解するゆとりがない。

完璧依存症者は、自分が生身《なまみ》の人間であることを忘れている。完璧依存症者は周囲の現実に接していないが、自分の内面のなまなましい感情にも接していない。

「完璧さの追求」はむなしさを満たさない

『完璧依存症』を書いた心理学者のマリオン・ウッドマンによれば、アルコール依存症者も、麻薬常用者も、過食症者も、心理的に完璧依存症者と共通したものをもっているという。

完璧依存症者、日本語で聞きなれた言葉でいえば完全主義者は、自分は麻薬常用者だの過食症者だのとはまったく違った立派な人間のつもりになっているかもしれない。しかし、心理的にはそれらの人と共通した心の荒廃がある。

そしてそう気がつくことが、完璧依存症から回復する出発点でもある。疲れても働かずにいられない、疲れても体を鍛えずにいられない、もっともっともっと完璧にと不安に駆りたてられるのは、あの麻薬常用者と共通した内面の荒廃があるからだと知ると、ぞっとするのではなかろうか。そして本気で「完璧」を絶とうとする気になるのではなかろうか。

過食症者が食べものをむさぼるように食べるのと、完璧依存症者が「完璧」をむさぼるのとは同じである。

ともに心が空虚なのである。心の虚しさから、どちらに逃げるかだけの違いである。必要なのは、自分の心の虚しさのよってきたるところをつきとめる勇気である。

疲れて熱っぽくなっても、体を鍛えようと運動せざるを得ないのは、おなかがはっても食べずにいられない過食症者と同じである。完璧依存症者の「完璧」とは決して美しいものではなく、汚れたものである。完璧依存症者が自分を麻薬常用者と区別するのは、思いあがりである。

おなかがはっても食べずにいられないのは、心が飢えているからである。食べることで心の空虚さを満たそうとしているのである。

同じように、疲れて病気気味でも運動して体を鍛えずにいられないのは、心が飢えているからである。

食べることや無理な運動は、心の空虚さを満たす手段である。しかしそのような努力をいくらかさねても、心の空虚さが満たされることはない。いよいよ虚しくなるだけである。

「心のバランス」をとり戻す方法

心の空虚さを満たすためには、生き方を変えるしかない。目的志向的な生き方をあらためることである。成果を期待して、なにかを達成することばかりをめざす生き方を変えないかぎり、心の空虚さが満たされることはない。

目的志向に、あまりにも生き方がかたむきすぎたのである。目的を達成しようとすることが悪いのではなく、バランスを失ってしまったことが悪いのである。極端な目的志向は、成功に向かって他のものをすべて犠牲にすることである。

成功に向かって努力することと、友だちと楽しく食事をすることのバランスがとれていれば、過食症にも完璧依存症にもならないであろう。成功するためには友だちと楽しく食事をする時間を犠牲にしても仕方ない、という生き方が間違っていたのである。

成功のためのコスト計算ができていなかったということである。百万円もうけても、そのために一千万円を使ってしまえば、九百万円の赤字である。たしかに成功はよい。

しかし、成功という目的達成のために、なにをどれだけ失うかということの計算ができていなかったのである。もちろん当人にとってみれば、それだけ成功に価値があったということである。

なぜそんなに価値があったのか。それはその人が孤独だったからである。心の深いところで他人とつながっていないからである。小さい頃の親の期待と交流だけが人生になってしまっているからである。あとはその再生とそれに対する反応だけになってしまっているからである。そしてなによりも、自然な感情を許されていないということである。不完全な自然な人間という面が許されなくて、完璧依存症になってしまったのである。

その結果、心が空虚になった。だとすれば、まず自分が排斥した自然な自分を許すことで、心を満たさなければならない。では自然な自分を許すにはどうしたらよいか。

自然な人間としての自分を許せないのは、親が許さなかったからである。親が許さなかったから自然な人間としての自分に罪責感をもっているのである。したがって、自然な人間としての自分を回復するためには、自然な人間としての自分を許さなかった親から心理的に離乳するしかない。

だからといって、すぐに親から心理的離乳ができるわけではない。いまのあなたにとって、親はあなたの心理的土台である。その親から心理的離乳をするのは、暗いほら穴に落ちるような不安がある。いまのあなたは心理的に親にしがみついている。心理的離乳などと口ではいえても、実際にはできない。

自分で自分を許せず、完璧依存症者として生きつづけるのはつらいけれど、暗い底なしのほら穴に突き落とされる不安よりはまだいい。したがって心理的離乳はとてもできない。子どもの自然な成長を待てない我執の親であっても、子どもにとってはつかまっている以上、怖くて放せない。ではどうするか。いままで書いてきたことが解答である。

完璧依存症者をはじめ、心の病んだ人たちは現実と接触していない。目の前の人を見ていない。隣りにいる人の心を理解していない。理解する姿勢がない。ただ心の中の録画の再生と、それへの反応だけで生きている。

隣りの人は、我執の親と違って、イライラしないで自然なあなたを待てる人かもしれない。そうでないかもしれない。しかしこの世の中には、待つことで不安にも不満にもならず、いらだたない人がたくさんいる。

この世の中には、自然なあなたを受け入れることができる人がいる。ただあなたが心の中の録音の再生ばかり聞いているから、隣りの人を理解できないのである。あなたは生まれてから千人の人と会っているかもしれない。しかしあなたはその中のひとりだって、その人の心を理解していない。ひとりだってその人の現実に接触していない。千人の人を通して、そのたびに不幸な親子関係をくり返し、くり返し再体験しただけである。

だからこそ、大人になっても完璧依存症者なのである。相手はあなたをせかしていないのに、ひとりで勝手にあなたはせいた。現実の相手と接触していない。せかさない相手がいるのに、その相手との接触を体験していない。

自分の接している相手を見ること、じっと見ること。自分の接している相手の心を理解しようとすること。その相手が自分に実際になにを求めているか、なにを求めていないかを知ろうとすることである。

猫に小判というが、人間同士も同じことをしているのではないか。相手が求めていないものを与えようとして、焦燥している人がいる。相手が実際の自分に満足しているのに、満足していないと勝手に思いこんで、あせっている人がいる。

したがって心理的離乳をするためには、会う人を見ることである。心の空虚さを満たすためには、成功することでも、無理して食べることでもなく、自分の周囲の人を見ることである。自分の周囲の人が実際にどんな人であるか理解しようとする努力が、心の空虚さを満たしてくれる。

「負け」も楽しめる人

失敗や損失を残念がっていても、それが成功に変わるわけではない。頭でわかっていても、それをすぐに忘れられる人もいるし、忘れられない人もいる。

不快な印象に長くつきまとわれてしまうような人は、自分はそのような性格であるからこそできる、というようなものをなにか探しだすことであろう。

不快な印象に長くつきまとわれて、自分の人生をだいなしにするな。これは大切なことである。だがそれにもかかわらず、どうしてもそうなって、いつまでも残念がってばかりいる人は、そのような自分の性格をまず認めることである。そしてその性格で、あるいはその性格だからこそできるというようなものを探してくることであろう。

このような人は、スポーツマンとか政治家とかいう職業には向いていないであろう。私はあるとき、青年会議所の会頭をつとめたある実業家とゴルフをしていた。すると彼は「ゴルフとは感謝ですよ」という。

なんのことかとたずねると、どんな失敗をしても、それより大きな失敗をしなかったことに感謝するのだという。たとえばボールを打ちそこなっても、「ああ、OBでなくてよかった、よかった」と、打ちそこないですんだことを感謝するのだという。

OBをしたらどうするか。いままでOBをしなかったことに感謝すると同時に、OBもゴルフのうちと思うのだそうである。そしてこのOBでおはらいを受けた。うみを出しきったと思えばいい、というのである。

スコアーのいいときOBを出すと、くやまれてくやまれて仕方ない。そしてそのショックで、そのあとのスコアーをくずしていく。プロのゴルファーにも、OBに弱いプロとOBに強いプロがいる。

OBを出して、そのショックでそのあとのスコアーをみだしてしまうのは、技術の問題より心理的な問題である。そしてそれは、技術の問題よりはるかに大きい問題である。失敗に弱い、敗け戦に弱いというのは、人間として本質にかかわることで、技術の上達云々《うんぬん》といったレベルの問題ではない。

逆にプロのゴルファーの中には、ＯＢに強いゴルファーもいる。ＯＢぐらいはゴルフをする以上、誰だってあることである。そのＯＢのとき、「ああ」と頭を抱えることなく、次のスコアーをよくできるプロこそ、プロの名に値するプロであろう。

そこへいくと、さすがにプロ・ゴルファーとして活躍したジャック・ニクラウスはすごかった。彼は「きのうおこったことや、この前のホールでおきたこと、あるいは明日か、この次のホールでおこるかもしれないことは考えずに、いま、その瞬間に私がやらなければならないことに、全力をつくして気持ちを集中させるようにする」(岩田禎夫訳『ジャック・ニクラウス　ゴルフマイウェイ』講談社)。

ニクラウスともなると、その前に失敗してもその失敗をくやんで、「ああしまった、しまった」と嘆きつつ、スコアーをくずすことはなかったのであろう。

ＯＢもゴルフのうちなら、損失も成功のうちなのである。トップにいたるまでに通らねばならない試練と、わきまえることである。頭を抱えて嘆いていても、損をしたお金は返ってくるわけでもなく、前のスコアーがよくなるわけでもない。

先に書いた青年実業家は、やがて政界に立候補して何度か落選したが、ついに衆議院に当選した。おそらく落選も選挙のうちと、落選中も闘いつづけたのであろう。

敏感性性格者は、このような政治家やスポーツマンから、おおいに学ぶところがあるのではなかろうか。

そしてできれば、このような人とつきあうことである。自分とは違った性格の人、自分とは違った職業の人とつきあうと、自分がよくわかる。

同じ体験をしているのに、相手が自分と驚くほど違った反応をし、違った感じ方をするからである。同じ不快な体験をしても、相手は驚くほどケロッとしているのに、自分のほうは長いことつきまとわれる。

そこで自分というものが見えてくる。このようにして自分が見えるということは、長い人生では貴重な体験である。たとえそれがどんなに不快なものでも、その不快な体験が鏡となって自分を映しだしてくれるからである。

学者とか芸術家とか、ひとりで仕事をしがちな人の中に自分が見えていない人が多いのは、わかるような気がする。彼らは同じ体験を人とともにする機会が他の職業の人にくらべて少ないので、自分と他人との反応や感じ方の違いを、まのあたりにすることがない。

自分が敏感性性格だと思った人は、人生をむずかしく考えない人とつきあってみることである。きっと開眼するところがあるに違いない。

自分の殻からぬけだすためには、それがもっともよいといまの私は信じている。

5章

〝心から感謝できる〟人生

――〝幸せ〟と〝安らぎ〟をつくる自己肯定感

1 いまここで、どう生きるかが決まる

私は若い頃「新しい若人の会」というのを主催していた。あるときその集まりがあった。十人ばかり集まって、『理想と使命』という機関誌の編集やら批判やらをやっていた。

そのとき、エニーブドという外国人が一緒にいたが、彼は突如われわれに「あなたたちはいま、なにに感謝しているか？」と質問した。おそらく内向きの理屈をこね回しているような議論に対して反応したのだろう。あまりの突然な質問だったので皆キョトンとしていると、エニーブドは突然立ち上がって飛びはねた。

「私は立つことも、飛びはねることもできる」といった。驚いて見ていると今度は大きな声をはりあげた。あまり突然に大きな声を出したのでアッケにとられていた。

「私はこんな大きな声も出せるし、こんなに皆の話を聞くこともできる」

彼はそうしたことに「感謝している」という。われわれは同じことに感謝しなければならない。しかし、感謝しているだけではなにごとも起らない。

われわれはこの手を、この耳を、そしてこの声を使ってなにかをしなければならない。この手に、この眼に、いま世界はかかっているのだ。大げさな言い方をしているのではない。私たちの、この手とこの耳この体を使うか使わないか、そこに私たち自身の生き甲斐と、そしてまた、これからの世界がかかっているのだ。

もっていることを忘れた状態から、もっていることを感謝した状態へ、そしてそれを使って活動する人間へとならなければならない。おおよそ、そういった趣旨のことを彼は声高に言いつづけた。議論ばかりして行動をおこさない仲間に向けた彼の訴えだったのだろう。

自分をあきらめてはいけない

私は、ここでエニーブド氏の叫んだ、感謝という言葉に注目したい。

感謝の気持ちは人間関係の絆を強める。ここが大切なところである。感謝の気持ちをもつことで、お互いを認めあう気持ちも強くなる。そしてその感謝の気持ちをあらわすことは心の深いところでのコミュニケーションに重要なことである。

先に「自分自身にかけられている否定的な暗示に気がつくことから、治療は始まるのです[1]」。というシーベリーの文章を引用した。

このシーベリーの文章を書き換えると、「感謝の気持ちから、治療は始まるのです」である。「自分自身にかけられている否定的な暗示」を振り払うものが感謝である。「自分自身にかけられている否定的な暗示」にかかっているかぎり、感謝の気持ちは湧いてこない。

否定的な暗示にかかっているかぎり、私たちはなにが不安かというと、自分が皆から好かれないのではないか、社会から拒絶されるのではないか、評価されないのではないかということである。

そしてその不安ゆえに攻撃的になる。助けを求める。それが攻撃的不安である。それらの問題を解決してくれるのが「感謝の気持ち」である。私たちは、褒めてもらいたいために生きてきた。そして褒めてあげたいという気持ちをなくした。

敏感性性格の人が自分を変えてくやしい心理から解放されて、充実した人生をスタートするためには、どうしたらよいか。

そのキーワードは感謝の気持ちである。充実した人生に感謝の気持ちが欠かせない。なぜ感謝の気持ちを欠いているのか？　それはなんでもかんでもうまくいくことを望んでいるからである。

人生をあきらめている人は、人をうらんでいる。自分はなにも不自由はないのに、すべての人に不満なのである。感謝の気持ちは人間関係の絆を強めるが、うらみは人間関係を破壊する。心がふれあう友だちができるような人は心が安らかな人であろう。いつも怒っている人にはなかなか友だちはできない。友だちができる心の状態が幸運を呼ぶのである。皆から「あいつとは、つきあいたくない」と思われるような人には幸運も訪れない。

この本の最後に来て「感謝の気持ちが欠かせない」という文章を読んで、くやしい気持ちを抑えて人生を歩んできた人は、この本を床にたたきつけて燃やしたくなるだろう。もう二度とこんな本を読むまいと誓うかもしれない。

それくらい、敏感性性格の人はくやしい人生を歩んできた。「喉に刺さった魚の骨を取る」のには誰にもわからない苦労をしてきた。敏感性性格の人はそれだけ安らぎがほしかった。眠れない夜を過ごしながら、ぐっすりと眠れる人が羨ましかった。自分をだました人が憎らしかった。誰にもわかってもらえない苦しさを抱いてじっと暗闇を見つめた。

それだけに「感謝の気持ちが欠かせない」という言葉は、許しがたい。この言葉は、一度も「くやしい」という気持ちを味わったことのない人の言葉であると思うに違いない。なにを許せても、この言葉だけは許せないと思うに違いない。だが、充実した人生を送るためにはこの火あぶりの地獄を通らなければならない。

くやしい気持ちで人生を歩んできた人が求めているものは、誰もわかってくれない「このくやしい気持ち」をわかってくれる人である。

わかってくれるどころか、その気持ちを踏みにじるのがこの「感謝の気持ちが欠かせない」という言葉である。これはくやしい気持ちで人生を歩んできた人にとっては、救いの言葉ではなく、地獄に突き落とす言葉である。

くやしい気持ちで人生を歩んできた人が、周囲の人に抱いている感情は、感謝とは正反対の言葉である。復讐である。彼らがもっているのは、「あの人たちを何度殺しても殺したりない」くらいの激しい復讐心である。

ものすごいストレスで、小さい頃自分の神経回路を変えてしまって、修復不可能にしたあの人たちを殺したい。

「殺すのは誰でもよかった」という人の気持ちは、この「感謝の気持ちが欠かせない」という言葉を聞いたときに味わう「孤独と恐怖」の気持ちかもしれない。

それほどこの言葉は、くやしい人生を歩んできた人の心の傷口に塩を塗る言葉である。自分のようにこれだけひどい人生を歩んできたことを知らない人たちだからこそ「感謝の気持ちが欠かせない」などというのだと、思うに違いない。こういう言葉をいう人に殺意をもっても不思議ではない。

この本を最後まで読んできて、最後に床にたたきつけて燃やしてもよい。しかし燃やす前に、神経症的傾向の強い人と、充実した人生を送っている人の気持ちの違いはどこにあるのだろうかと、まわりの人々を観察してほしい。

そうすれば、その違いは、「感謝の気持ちのある人」と「感謝の気持ちのない人」

との違いだと気がつくに違いない。周囲の人を観察したら、それに気がつく。

そして先の治療のときの話の箇所で書いたように、「感謝の気持ちのある人」は自己肯定感があり、「感謝の気持ちのない人」は自己肯定感がない。

誰が「自分を救ってくれる人か？」「どの本が自分を救ってくれる本か？」を人は間違える。それが人生の悲惨をもたらす。人はつい、自分を傷つけない人をいい人と思ってしまう。そして自分に注意した人をうらむ。

ある高齢者が死を前にして考えた。「自分がかくも悶え苦しんでいるのはなぜか？」と自らに問うた。そしてその原因を次のように書いた。

「自分によくしてくれた人が最大の悪だった。

自分に気持ちのいいことをしてくれる人が悪だった。

逆に、なにも害悪を与えない人を敵にしてしまった。

自分のことを考えてくれた人をあざ笑った。

自分が『けしからん！』と責めた人のほうが、じつは自分を守っていてくれた人だったのだ」と。

でも、そう気がついたときには遅すぎた。彼は「もう、どうにもならない」と書いた。そして晩年自分のまわりにいる人たちを「皆、殺したい」と、うめきながら死んでいった。

私はここで「すべての人に感謝をするように」とか「あなたをだました人に感謝をしろ」などと「神のようになること」をいっているのではない。

いま、自分は目が見える。それをあたり前のことと思っているか？　あたり前のことと思ってはいけない、そういうことをいっているだけである。感謝されることを要求する人は不幸になり、感謝する心をもっている人は幸せになる。

敏感性性格の人はつい安らぎを外側に求める。お金を貯めて、森に別荘を買って、そこに行っても、それだけで安らぐわけではない。安らぎは、心を変えれば、いつもその人のそばに「ある」。

この本を読んでいる人は目が見える人が多いだろう。しかし目が見えるということをあたり前のことと考えているのではないか。私の本を目の見えない人のために音声にしたものを聞いてくれている人がいる。人はいまもっているものを失って、はじめてそのありがたさを理解する。

愛情飢餓感の強い人が、愛を求めて愛を得ても幸せにはなれない。「もっと、もっと」と愛を要求するからである。大人になって受け身の人は、愛されても幸せにはなれない。しかし愛する能力を身につけたものは幸せを得ることができる。

愛を求めるものは幸せになれないが、愛を与えるものは幸せになる。

健康とか富とか成功を求める前に、自分がいまあたり前と思っていることは決してあたり前のことではなく、感謝をしなければならないのではないか。

人は欲求不満から、なにか求めているものを得ることで幸せにはなれない。むしろ逆である。求めたものを与えられた人は幸せにはなれない。「もっと、もっと」と求める心そのものを変えることによって祝福される。

自分の人生に意味を感じる人は、心が成長した人である。

いまあることを、あたり前のことと思ってはいけない。いま、自分をだました人に怒りを感じるのは、「早くそういうことに気づけ」というメッセージかもしれない。

自分の周囲にいる誠実な人に感謝をしなさいというメッセージである。

いまあること、それは健康からはじまっていろいろとあるだろう。

それはあたり前のことと思わないように気持ちを再起動しなければいけないという

ことかもしれない。

異性にチヤホヤされることを求めて健康になっても、幸せにはなれない。敏感性性格の人は、敏感性性格に悩みつづけるだろう。病気になってはじめて健康のありがたさがわかって、そして自分の人生に感謝をする。決して不運は不運ではない。不運はその人になにかを教えている。感謝の気持ちを失って、そのうえで求める気持ちがあるかぎり、人は幸せにはなれない。

2 毎日に「ささやかな楽園」を見つける方法

雨の日があって晴れる日があるから、晴れる日がよい。それが神経症者にはわからない。ただ神経症者は、晴れているのになぜかつらい。彼らはステーキしか知らない。ところがあるとき病気になる。病気になれば梅干しとおかゆが体によい。それがわからない。

神経症者はささやかな楽しみを知らない。常に一億円の宝くじに当たらなければおもしろくない。これが神経症的要求である。ただどんな要求が通ってもなぜか生きるのはつらい。

神経症者はとにかく、つらい気持ちを相手のせいにする。しかし相手のせいにしても人生の問題は解決しない。彼らは「人生は容易であるべきだと思っている」時点で疲れはてている。嫌われることを恐れて無理しすぎ消耗したのである。

人は残念ながら、失うとありがたさに気がつく。来る日も来る日も苦しみ悩んでいたある人が、ある人から「あなたは持ちすぎている」といわれた。しかしその悩んでいる人はその言葉の意味が理解できなかった。

その悩む姿を見て、その人はさらに「あなたは欲張りだから」といった。しかし悩んでいる人はその言葉の意味も理解できなかった。

病気にならない人に「健康のありがたみをわかれ」といっても無理である。それはわからない。もちろん頭では理解できるかもしれない。しかし日々の生活で、自分の健康に感謝をする気持ちになることはない。

満員電車で通勤するときに「ありがたいなあ」という気持ちになることはないだろう。電車に乗れるということはすごいことなのである。ひとりでは動けなくなれば、そのありがたみは身にしみてわかる。

まして満員電車に乗れるなどということは、自分の体が自由に動かない人にしてみれば、ものすごいことである。しかし満員電車に乗って通勤している人には、なかなか理解できない。

あるがん患者のケアをしている医師から次のようなことを聞いた。言い尽くされた言葉であるが、誰もがそのときまで一〇〇％は理解できない言葉の一つが、『健康のありがたみ』という言葉である。

私の叔父はアルコール依存症であった。五体無事で健康で酒ばかり飲んでいた。認めてもらえない不満を抱えて毎晩酒を飲んでいた。愛情飢餓感が強かったのであろう。その叔父が夜、酒を飲んで新橋駅のプラットホームから落ちた。運悪くちょうど電車が来て、両足を失った。

足を失ってはじめて自分がどれほどいろいろなものをもっているかに気がついたのである。「私には手がある」と絵を描きはじめた。私の叔父は足を失って幸せになれた。もっているものに気がついた。足の自由を失う前に、手が自由に動かせることがどれほどすばらしいことか、叔父は理解できなかった。

健康のありがたみがわかれば、幸せになれる人はごまんといる。

心の悩みに苦しんでいる人は、肉体的苦しみを軽く考えている。

体が健康であることのありがたさを忘れている。

「患者が自分の生命に意味と価値を与えてくれるような一つの物をはっきりと意識すればするほど、彼自身の人格は前進し、またそれと共に彼の個人的な苦境は体験の背後に退いて行きます(2)」

逆にいえば、「自分の生命に意味と価値を与えてくれるような」ものが意識できなければできないほど、目の前の苦しい体験にとらわれてしまう。

「困難そのものよりも、そこからいろいろな想像をふくらませることで心配したり臆病になったりしてしまうのです。中略。そういう考え方のパターンができ上がってしまうと、そこからなかなか抜け出せない(3)」

「私たちは、他人が掘った轍の中にはまりこんでは、その考え方に従えずに苦しんでいるのです(4)」

がんになってはじめて、「がんになる前の自分がいかに幸せであったかに気がついた」といった人がいる。しかしがんになる前に、がんではない自分の幸せには人はなかなか気がつかない。がんになっていろいろな苦しみを味わって、はじめてその苦しみから解放されていた自分の幸せに気がつく。

ではどうするか。

それはがんになったいまでも、もっているものはたくさんある。そのことに気がつくことであろう。手が自由に動く。しかし人は手が自由に動く幸せに気がついていない。その生活の便利さに気がついていない。

そうしてがんになった自分がいまもっているものに一つひとつ気がついて、「そのことに感謝していくしかない」であろう。それこそ「ない」ものではなく、「ある」ものに注意をするということである。

うつ病になるような人は「目が見えることが、生きていくうえでありがたいことだ」といくらいわれても、なかなか気持ちのうえではわからない。

ある前立腺がんの患者が手術をした。手術は成功したが、尿もれに悩まされるようになった。そして手術が成功しているのに、すっかり落ち込んでしまった。しかし、そのときに知人から、同じ手術の結果を聞かされた。知人のほうは手術後排尿困難におちいってしまっていた。その知人は彼の尿もれの話を聞いて、「よかったな」と彼のために喜んでくれたという。

そのときに彼ははじめて自分の幸せに気がついた。自分のまわりでおきていることを皆あたり前のことと思っていた自分の傲慢さに気がついた。

「くやしさ」を乗り越え、しなやかに生きる

卑怯な人にだまされたことで、くやしくて眠れなくなった人がいる。ところがふとしたことで不眠症はなおった。

いまの自分の人間関係に感謝する気持ちが出てきたのである。こんないい人たちと自分は生きていたのだと、いまつきあっている人たちに感謝をする気持ちが出てきた。

平穏に生活しているときに、「あなたはいい人を友だちにもっている」といくらいわれても、しみじみと感謝をする気持ちにはなれない。しかし、ひどいだまされ方をすれば、その気持ちは出てくる。人は、だまされたときにくやしい。そういうときに「いい人を友だちにもっている」ことに、しみじみとした感謝の気持ちをもつことができれば充実した人生を送れる。

失うことなしに「ある」ことに感謝することはない。それが自分自身を失って生きている人である。

もうひとり卑怯な人にだまされたことで、くやしくて眠れなくなった人がいる。そして高齢になってからあるとき、ふとしたことで、不眠症がなおった人がいる。その人は八十歳をすぎて死を意識するようになっていた。

そしてあるときに自分の人生を振り返り、「私を幸せにした人、不幸にした人」と、二種類に分けて考えた。残念ながら「私を不幸にした人」のほうが多かった。「私をだました人」のほうが多かった。

しかしそのときふと、「もしあんな人たちのように、人をだます人生を送っていたら、死ぬ前にきっと、自分は自分の人生を後悔するだろうな」と感じた。そして「あ、自分はあんな卑怯な人生を送らないでよかった」と思った。そして死を前にして、自分がだまされる人のほうであったことを感謝する気持ちになった。死を前にして自分の人生を後悔するという最大の苦しみから解放されていることに気がついた。

もともと人間はそれぞれ苦しい宿命を背負って生まれてきている。苦しむことでその背負っている宿命を乗り越えることができる。

神経症者はその逆をいってしまった。苦しみから逃れようとがんばった。そして不幸は続いた。彼らのしたのは無意味な努力である。

足が不自由なときに優越を求める。英語で言えばInefficient attempt（インエフィシエント・アテンプト＝無駄な努力）である。

そして足が自由であれば苦しまなくてよいと解釈する。この解釈が自罰である。self-punishment（セルフ・パニッシュメント＝自罰）である。

足が自由でも苦しみはある。

親が心理的に健康な人でも苦しみはある。

苦しみから逃げるとさらに大きな苦しみにおちいる。それをしてしまったのがアルコール依存症をはじめとするいろいろな依存症である。くやしさに苦しめられているときに、理解しやすい気持ちが復讐心である。しかし、くやしさの苦しみから解放されるのは、復讐心の反対の感謝の気持ちである。

それでは、なぜ人はあたり前のことに感謝ができないのか？　あたり前のことに感謝する人と、感謝しない人の違いはどこから生まれるのか？

それは、その人が自分自身で生きているかどうかである。その人が自分として生きているかどうかである。

他人の仮面をかぶって生きている人、他人が不当な重要性をもってしまっている人、人生の重心が他人にいってしまっている人、他人のお気に入りになるのに努力している人、そういう人たちは、あたり前のことから生きる意味を感じとることはできない。

私は三笠書房からシーベリーの著作を訳しつづけた。それは現代人が生きている意味を獲得するために、ことに日本人が幸せになるためにはなくてはならない本であると考えているからである。

「自分自身であることの権利を信じつつ、敢えて目標を定め意図を明確にするならば、人生を心配ごとで曇らせるようなことはないでしょう。人生にはあなた本来の資質に反するような義務はないのです。あなたがあると思い込んでいるだけなのです(5)」というシーベリーの言葉を実行できている人かどうかである。

これが実行できないなら、あたり前のことになれて幸せを感じることができないで、死ぬまで生きている不満に苦しみつづける。

「よくも、あそこまで俺をひどくだましてくれたな」と、そのだました人に心を奪われて、くやしいだけの人生を送る人もいる。

それに対して「私も多くの人にだまされたけど、逆にまた心から誠実に私を愛してくれた人もいた」と、感謝の気持ちをもてる人もいる。それは自分自身で生きられた人である。

「もし自分自身であり得ないのなら悪魔になったほうがましだ⑥」とまでシーベリーはいうが、もし自分自身であり得ないのなら、くやしさでやつれ果てることは間違いないだろう。そして自分自身として生きる以外に感謝の気持ちをもつことはない。生きる意味を感じることはない。

自分でない自分で生きる人は、心の底に敵意をもつ。自分が自分自身を裏切ったからである。

デューク大学の心理学者のジョン・ベアフットは、一九五〇年代にノース・キャロライナ大学の医学部または法学部に在籍中、ＭＭＰＩという心理テストを受けた医師と法律家について研究を行なった。

「二十五年にわたる追跡調査期間に、敵意で高得点を挙げた医師の冠動脈疾患の罹患率は、得点の低かった医師の四ないし五倍にも上った。

それどころか、二十五歳の時点で敵意で高得点を挙げた者のなかで、医師では十四パーセント、法律家では二十パーセントが五十歳までに死亡していた。これとは全く対照的に、得点の低かった者で五十歳までに死亡していたのは、医者では二パーセント、法律家では四パーセントにすぎなかった。

法律家についてさらに研究を進めた結果、敵意のもつどのような側面が将来の高い死亡率に結びつくのかが明らかになった。

それは人間一般に対して不信感をもっていること、頻繁に怒りを感じること、あからさまに攻撃的な態度を取ることの三つの側面である[7]」

敵意は、あらゆる死因によって死亡する危険性の高さを示している。

人間には社会的偉業と、心理的偉業とがある。社会的に貢献した人はたしかに偉大である。しかしくやしさを乗り越え、感謝の気持ちをもった人は人生の偉業を成し遂げた人である。

あとがき――あなたのその感情は、前に進む力に変えられる

世の中にはずいぶん誤解されている人がたくさんいる。その典型のようなのがこの本でふれてきた敏感性性格的な人である。表面おだやかに見えるから、人はおだやかな人と思う。表面おだやかに見える人が、心の中に無念の気持ちをもちながら耐えて生きているとは、周囲の人には思いもよらない。

彼らは我慢して我慢して生きているのである。彼らはついつい、利己的な人にとって都合のいい存在となりがちであるが、本人は「くやしさ」でいっぱいなのである。

3章で、同じことの解釈が人によってどのくらい違うかを書いた。したがって、あることを期待して振る舞っても、その期待した解釈は周囲の人から得られないことが多い。人によって同じことの解釈がこれほど違うということを頭に置いて行動すれば、それほど期待を裏切られることもないであろう。他人が自分と同じに解釈していると

思うことは間違いである。『自分を嫌うな』（三笠書房）を書き終えたあと、なにかほっとしたのをいまでもおぼえている。極端にいえば、これで安心して死んでいかれるとでもいうのであろうか。そしてこの本を書き終えたあとも同じ心境である。

日本人はよく「水に流す」という。これはわれわれが、なにかあると、なかなか忘れられないからこそいうことであろう。なぜ忘れられないかというと、あまり行動的でないからであろう。執念深いのである。どうも執念深いということは、行動を阻害するものが心の中にあるというような気がする。

クレッチマーがいうように、「伝導能力」というのは、行動する能力でもある。実際の自分の敵意に従って、自分の敵を打倒するべく行動をおこす人というのは、いつまでも執念深くうらみはしない。

しかし敵意をもちながら、それを行動に移せないで、じーっとしている人のほうがいつまでもうらむ。行動しようにも、行動することが面倒くさいのである。敵意は燃えながら、それを行動に移す最後のところで、行動を押しとどめるものが心の中で働く。それは決して敵意が薄いということではない。心の中の憎しみの炎は、行動に移す人よりも激しく燃えている。

しかし他方で行動することに対する恐怖がある。その恐怖と憎しみとの葛藤が心の中にある。行動することを恐れる。行動することを心の底の底で恐れている。無意識の部分で行動することを恐れているのである。

この本を読んだ人が自分の無意識の部分で行動をすることを恐れているということに気がつき、いつまでもただうらむだけで、結局卑怯な人間に都合よくあしらわれて、くやしい気持ちをもったまま生きることのないようになってくれれば、それに越したことはない。

憎しみに従って行動できないのは、自分を弱々しく感じるからである。ひとりで人より傷つき、激しく憎しみながら、他方でその憎しみを処理するような行動に出ることを恐れる。ただじーっと心の中の憎しみの炎を燃やしつづけ、死んで化けて出ることになる。感情の保持能力ばかり高くて、いつまでもうらんでいることになる。

行動しようとすると、できない。「意思の麻痺」というが、いざというときになると、行動に出ない。いざというときになると、じっとしてなにもしないというほうを選んでしまう。行動に出るのが億劫《おっくう》なのである。心の中のなにかが、その行動を押しとどめる。憎しみは人一倍強いのであるが、そのうらみを晴らすための行動にどうしても出られない。

一つには超自我が優勢なのかもしれない。自分の心の底にベットリとついている無気力を反省することである。なにが自分が行動することを妨げているのか、なにが自分が行動に出ることの障害になっているのか、その無意識にあるものを意識化することである。アメリカの心理学者、シーベリーがいうように「怒りを勇気に変える」ことを忘れてはならない。

憎しみは人を変える。自分の心の中の憎しみを消すことで自分を変える。自分が変わりたければ、自分の心の中から憎しみを取り去ることである。心の中から憎しみが消えれば、自然と怒りは勇気のエネルギーに変わっている。

保護してもらうことによって自分を守ろうとしているから、相手を敵にまわせないのかもしれない。気に入られることによって自分を守ろうとしているから、相手を敵にまわせないのかもしれない。皆に好かれようとしているから、自分を傷つける者にまで気に入られようとしているから、相手を敵にまわす行動に出られないのかもしれない。そのようなものが、自分が行動に出ることの心の中の障害になっているから、行動に出られず、卑怯な相手にいいようにあしらわれてしまうのである。

嫌いな自分に執着する。

嫌いなあの人に執着する。

自分が嫌い。でも自分をすばらしく見せたい。

あの人が嫌い。でもあの人によく思われたい。

人が嫌いなくせに、人から嫌われることを避けようとする。

だから嫌われることを恐れる前に、好きな人を探す。そのままの自分を受け入れてくれる人を探す。

生き方を変えれば、いいたいことをいっても嫌われない世界がある。

いまのくやしい気持ちは「人間関係を変えないかぎり死にますよ」というメッセージである。敏感性性格の人は努力する場所を間違っている。

人生では誰でもが自分の運命の扉を開く鍵をもっている。しかしその扉には鍵穴がある。自分がもっている鍵とは違ったドアの鍵穴に入れてドアを開けようとしてがんばっている人がいる。

日本人は「長いものには巻かれろ」という。「泣き寝入り」という言葉もある。

自分を傷つける者にまで、なんでいい顔をしなければならないのだ。相手はこちらをばかにして、しかもこちらを傷つけているのである。相手はこちらにいい顔をするのか。しないではないか。

相手にいい顔をするから相手に傷つけられて、そのあと、また自分で自分を傷つけているのである。それだからこそ、くやしくて、くやしくて、夜も眠れないのである。いつまでも水に流せないのである。そして一方で、そんな水に流せない自分を責めたりしている。自分はそのように傷つかない大物でなければいけないと思いこんでいるのである。そして自分にも他人にもそのような大物であるような顔をする。そのようにして二重にも三重にも自分を傷つけている。

世の中には、自分を不当に傷つける者にきちんと抗議する、行動的な人もいる。しかしこの本であげた敏感性性格的な人は、そうではない。それは、あまりくやしくないから行動しないというのではない。敵意に燃えて敵を倒すために行動をおこす人のほうが、敏感性性格的な人よりくやしがっているというのではない。

いつもくやしがっているだけの人は、行動をおこそうとするとき、その行動をおこさせないなにか、つまり心の底に重い石のおもりのようなものを感じるのである。意識はそのくやしさ、くやしい相手に集中する。意識は自分を傷つけた人に対する憎しみに集中して他のことは考えられない。自分を不当に傷つける人にきちんと抗議をする人などより、ずっとくやしい気持ちが強い。

それにもかかわらず、なぜか行動をおこそうとすると、それを妨げる重いなにかを感じる。意欲と行動を結びつけるところに、なにか障害がおきている。その障害がなんであるかということについて、できるかぎりこの本では書いたつもりでいる。億劫というのは、その障害の一つなのであろう。

なにもする気にならないという意欲の減退が一方にあり、他方に敏感に傷つく心理がある。したがって、心の中でくやしさだけがいつまでもうずまく。意欲障害というのは、決してなにも感じないというのではない。感じてはいるけれど、そしてその無念を晴らそうとはするけれど、どうしても行動するとなると、それができなくなるということである。

くやしいけれど行動できない人は、なにかにしがみついているのである。そのしがみついているものを失うのが怖いのである。しかし、じつはもともとそんなものをその人はもってはいない。もっていると錯覚しているにすぎない。

たとえば、自分を侮辱する人に対してさえ、敵対するのが怖くて行動をおこせない人は、気に入られるということにしがみついている。しかし、それは幻想でしかない。行動をおこさないでいい顔をしていれば、人々から好意をもたれると錯覚しているのである。行動をおこせない人は、人々の好意という幻想にしがみついているにすぎない。誰にでもいい顔をする人が、そんなに人々から好意をもたれているわけではない。むしろ逆であることのほうが多い。好意をもたれているという幻想にしがみついている人が、軽く見られている人なのである。

だから、よけいなことは考えない。

どうしても将来を暗く考えがちだが、だまされたと思ってがんばって「いまにいいことあるさ」と前向きになってみる。

いままでの心の習慣を変えることはものすごくつらい。いままでの生き方はなかなか変えられない。でも一度、愚痴をこぼす前に、人をうらむ前に、生き方を変えてみよう。

行動をおこすということは、新しい世界へ踏みだすことでもある。そうしたら無理をしなくても手に入るものがあるかもしれない。

一番楽な生き方。それは毎日嘆いていること。

でもなにもおこらない。

過去にとらわれて、未来を失うな。

この本が、いつまでもくやしいくやしいといっているだけで人生を終わらせないためめの、なにかの役に立てば幸いである。


（了）

参考文献

2章

(1)Manes Sperber, Masks of Loneliness (Macmillan Publishing CO., Inc., 1974, p.179)

(2)Ibid.

(3)Ibid.

(4)Ibid.

(5)『「くやしさ」の心理』〈三笠書房《知的生きかた文庫》〉62、63頁

(6)前掲書 63頁

(7)Beran Wolfe, How to Be Happy Though Human (Farrar & Rinehart Incorporated, 1931)〈周郷博訳『どうしたら幸福になれるか 上巻』岩波書店、1960年、184頁〉

(8)前掲書 183頁

(9)Manes Sperber, Masks of Loneliness (Macmillan Publishing Co., Inc., 1974)

(10)Ibid., p. 180

(11)Ibid., p. 182

(12)Ibid., p. 183

(13)George Weinberg, Self Creation (St. Martins Press, Co., New York, 1978)〈加藤諦三訳『自己創造の原則』三笠書房、1978、250頁〉

(14)Abraham H Maslow, Motivation & Personality (Harper & Row, 1954)〈小口忠彦訳『人間性

の心理学』産業能率大学出版部、1971、244頁〉
(15)前掲書 245頁

3章

(1)Rollo May, The Meaning of Anxiety (W. W. Norton & Company, Inc., 1977, p.40)
(2)吉田正己訳『フロイド選集 第六巻「文化論」』日本教文社、1970、27頁
(3)David, Seabury, The Art of Selfishness (Simon & Schuster, New York, 1937)〈加藤諦三訳『自分に負けない生きかた』三笠書房、1981、33頁
(4)Erich Fromm, The Art of Loving (Harper & Publishers, Inc., 1956)〈懸田克躬訳『愛するということ』紀伊国屋書店、1959、84頁〉
(5)ジョージ・ウェインバーグ著/加藤諦三訳『プライアント・アニマル』三笠書房、1981、121頁
(6)David Seabury, Stop Being Afraid (Science of Mind Publications, Los Angels, 1965)〈加藤諦三訳『問題は解決できる』三笠書房、1984、157頁〉

4章

(1)Manes Sperber, Masks of Loneliness (Macmillan Publishing Co., Inc., 1974, p.183)
(2)『「くやしさ」の心理』〈三笠書房《知的生きかた文庫》40頁〉
(3)Manes Sperber, Masks of Loneliness (Macmillan Publishing Co., Inc., 1974, p.183)
(4)David Seabury, How to Worry Successfully (Blue Ribbon Books, New York, 1936)〈加藤諦

三訳『心の悩みがとれる』三笠書房、1983、200頁〉

5章

（1）David Seabury, Stop Being Afraid（Science of Mind Publications, Los Angels, 1954）〈加藤諦三訳『問題は解決できる』三笠書房、1984、157頁〉
（2）宮本忠雄訳『フランクル著作集3　時代精神の病理学』みすず書房、1982、72頁
（3）D・シーベリー著／加藤諦三訳『自分が強くなる生き方』三笠書房、1999、98頁
（4）David Seabury, How to Worry Successfully（Blue Ribbon Books, New York, 1936, p.138）〈『自分が強くなる生き方』100頁〉
（5）David Seabury, How to Worry Successfully（Blue Ribbon Books, New York, 1936）〈加藤諦三訳『心の悩みがとれる』三笠書房、1983、154頁〉
（6）前掲書　154頁
（7）Redford B. Williams, Hostility and the Heart, in Mind Body Medicine: How to Use Your Mind for Better Health, eds. by Daniel Goleman & Joel Gurin, Consumer Reports Books, 1993, p.68

本書は、小社から刊行した『「くやしさ」の心理』を、加筆・改筆、改題したものです。

「自分《じぶん》の心《こころ》」をしっかり守《まも》る方法《ほうほう》

著　者　加藤諦三《かとうたいぞう》

発行者　押鐘太陽

発行所　株式会社三笠書房

〒一〇二－〇〇七二　東京都千代田区飯田橋三－三－一

電話〇三－五二二六－五七三四〈営業部〉

〇三－五二二六－五七三一〈編集部〉

http://www.mikasashobo.co.jp

印刷　誠宏印刷

製本　若林製本工場

ISBN978-4-8379-8595-2 C0130

知的生きかた文庫

加藤諦三（かとう・たいぞう）

心理学者。一九三八年生まれ。東京大学教養学部卒業。同大学院修士課程修了。

現在、早稲田大学名誉教授。ハーバード大学ライシャワー研究所客員研究員。ラジオの『テレフォン人生相談』パーソナリティーを半世紀近く担当。

主な著書に、『自分を嫌うな』『うつ病は重症でも2週間で治る、もし……』『心が強い人 少し弱い人』『なぜ、あの人は自分のことしか考えられないのか』（以上、三笠書房）、『自信』『感情を出したほうが好かれる』『気が軽くなる生き方』『無理しない練習』『「いい人」をやめたほうが好かれる』（以上、三笠書房《知的生きかた文庫》）など多数がある。

［加藤諦三ホームページ］

http://www.katotaizo.com/

加藤諦三の本

知的生きかた文庫

感情を出したほうが好かれる

・あなたの弱点を隠すな

好かれるための努力で嫌われる人は多い。なぜ相手の気持ちにばかり気をとられて自分らしく生きられないのか。もっと自信を持って「自分の人生」を生きたいと望む人に贈る本。

気が軽くなる生き方

・もういい人にこだわるのはやめよう

自分をありのままに受け入れる一番簡単な方法。いろんな人間がいる。いろんな生き方がある。「自分は自分」と思えた人の人生のほうが、結果的には実りあるものになる。

自分を嫌うな

・もっと自信をもって生きたい人に贈る「心の処方箋」

「こういう自分であるべき」という思いこみに、あなたは苦しんでいませんか。ちょっと角度を変えてみれば、〝今の自分〟がずっと好きになる！

自信

・心を強くするのは、それほど難しくない

「自分」から逃げない、「現実」から逃げない。自分に自信が持てない、やる気がでない、人間関係に疲れてしまう……そんな自分を変える方法！

「いい人」をやめたほうが好かれる

・「内づらと外づら」の心理

無理しない、我慢しすぎない、人に合わせない――振りまわされない「本物の自信」を身につけたい人に。「好かれる努力」を手放したときに、人生は変わりはじめる。

C50370